101 व्यंजनों से सजा

पनीर खाना-खजाना

आधुनिक युवतियों एवं गृहिणियों की आकांक्षाओं के अनुरूप पनीर के व्यंजन सिखाने वाली पुस्तक

परखी और आज़माई हुई 101 प्रैक्टिकल विधियाँ।

पार्टियों, भोजों और घर भर की मज़ेदार पसन्द।

आरम्भ में स्वादिष्ट पनीर बनाने की विधियाँ।

प्रचलित के अतिरिक्त अनेक नये व्यंजनों के तरीके।

विधियों का क्रमिक आसान विवरण।

व्यंजनों के रंगीन चित्रों द्वारा सज्जा।

उपहार में देने के लिए श्रेष्ठ पुस्तक।

महिलोपयोगी व अन्य सर्वश्रेष्ठ पुस्तकें

- ➤ भारतीय व्यंजन 72/-
- ➤ मॉडर्न कुकरी बुक 125/-
- ➤ सुघड़ गृहिणी 96/-
- ➤ नारी अपने रिश्तों का निर्वाह कैसे करें 96/-
- ➤ बेटी की सच्ची सहेली माँ 80/-
- ➤ 1001 घर गृहिस्थी के काम की बातें 96/-
- ➤ होम ब्यूटी क्लीनिक 125/-
- ➤ घर बैठे सौन्दर्य उपचार 80/-

वी एण्ड एस पब्लिशर्स की पुस्तकें

देश-भर के रेलवे, रोडवेज़ तथा अन्य प्रमुख बुक स्टॉलों पर उपलब्ध हैं। अपनी मनपसन्द पुस्तकों की माँग किसी भी नजदीकी बुक स्टॉल से करें। यदि न मिलें, तो हमें पत्र लिखें। हम आपको तुरन्त भेज देंगे। इन पुस्तकों की निरन्तर जानकारी पाने के लिए विस्तृत सूची-पत्र मँगवाएँ या हमारी वेबसाइट देखें!

www.vspublishers.com

101 व्यंजनों से सजा पनीर खाना-खजाना

चित्रा गर्ग

प्रकाशक

वी एण्ड एस पब्लिशर्स

F-2/16, अंसारी रोड, दरियागंज, नई दिल्ली-110002
☎ 23240026, 23240027 • फैक्स: 011-23240028
E-mail: info@vspublishers.com • *Website:* www.vspublishers.com

क्षेत्रीय कार्यालय : हैदराबाद
5-1-707/1, ब्रिज भवन (सेन्ट्रल बैंक ऑफ इण्डिया लेन के पास)
बैंक स्ट्रीट, कोटी, हैदराबाद-500 095
☎ 040-24737290
E-mail: vspublishershyd@gmail.com

शाखा : मुम्बई
जयवंत इंडस्ट्रिअल इस्टेट, 2nd फ्लोर - 222,
तारदेव रोड अपोजिट सोबो सेन्ट्रल मॉल, मुम्बई - 400 034
☎ 022-23510736
E-mail: vspublishersmum@gmail.com

फ़ॉलो करें:   

हमारी सभी पुस्तकें **www.vspublishers.com** पर उपलब्ध हैं

ISBN 978-93-814488-5-4

संस्करण: 2016

मुद्रक: परम ऑफसेटर्स, ओखला, नई दिल्ली-110020

आपसे बात

पनीर भोजन की जान है। यह स्वादिष्ट भी होता है और स्वास्थ्यवर्द्धक भी। किटी पार्टी हो या बर्थ-डे पार्टी, शादी-विवाह का अवसर हो या फिर घर में मेहमान आमंत्रित हों, पनीर के व्यंजनों के बिना भोजन का स्वाद अधूरा-सा लगता है। पनीर के व्यंजन बच्चे व बड़े सभी शौक़ से खाते हैं।

हर गृहिणी को शौक़ होता है कि वह तरह-तरह के व्यंजन बनाकर अपने पति व परिवार के दिल में ज़गह बना ले। नव-विवाहिता के सामने समस्या होती है कि वह नए-नए व्यंजनों से सभी ससुराल वालों को मोहित करना चाहती है, परन्तु ये नए-निराले व्यंजन सीखें कहां से? इसीलिए इस पुस्तक में मैंने बहुत ही आसान ढंग से पनीर के व्यंजन बनाने की विधियां लिखी हैं, जिन्हें नई-नवेली और अनुभवी महिलाएं दोनों ही मज़े से बना सकती हैं। विश्वास है कि पाठकों को यह पुस्तक अवश्य पसन्द आएगी। आपके सुझावों का मुझे इंतजार रहेगा।

बी-150, ईस्ट ऑफ़ कैलाश
नयी दिल्ली-110 065

–चित्रा गर्ग

अंदर के पृष्ठों में

स्वादिष्ट पनीर बनाने की विधियां

पनीर

सब्जियां, करी, कोफ़्ते

चावल पुलाव

रोटी, परांठा

सलाद

पनीर स्नैक्स

मिठाई

रायते

पनीर टी स्नैक्स

मांसाहारी पनीर व्यंजन

स्वादिष्ट पनीर बनाने की विधियां

यों तो बाजार से पनीर आसानी से मिल जाता है, परन्तु घर पर बनाया पनीर अत्यन्त स्वादिष्ट होता है। सम्पूर्ण मलाईयुक्त दूध से बना पनीर अधिक स्वादिष्ट एवं नर्म होता है। अत: क्रीम निकले हुए या स्क्रिम्ड मिल्क का प्रयोग पनीर बनाने के लिए नहीं करना चाहिए।

पनीर को विभिन्न सब्जियों, व्यंजनों, खीर आदि में प्रयोग किया जा सकता है। इसके अतिरिक्त ब्रेड, बन, सैंडविच अथवा बिस्कुट पर पनीर के साथ सॉस, चटनी आदि लगाकर खाया जा सकता है। पनीर बनाने की विधियां आगे दी जा रही हैं।

सादा पनीर

सामग्री:

- *सम्पूर्ण मलाई-युक्त दूध : 1 लीटर*
- *एक नीबू का रस अथवा खट्टा दही : 1 कप*
- *मलमल का पतला कपड़ा*
- *अल्युमीनियम की ट्रे*

विधि:

1. सबसे पहले दूध को आंच पर उबलने के लिए रख दें।
2. उबाल आ जाने पर दूध को हलका-सा चला दें, ताकि दूध बाहर न निकले।
3. अब दूध में नीबू का रस अथवा दही मिला दें।
4. धीमी आंच पर दूध को चलाते रहें।
5. कुछ ही देर में पानी और छेना अलग-अलग हो जाएंगे। अब आप आंच को बंद कर दें।
6. इस फटे हुए दूध व छेने को 5 मिनट के लिए ढककर रख दें।
7. मलमल का अथवा कोई बारीक कपड़ा लेकर छेने को छान लें। पानी नीचे निकल जाएगा। कुछ देर पनीर को कपड़े में लटका दें।
8. अब आप पनीर को चौकोर जमाने के लिए कपड़े में बांधकर अल्युमीनियम की ट्रे में रख दें।
9. कोई भारी वजन की वस्तु जैसे, पत्थर की सिल अथवा पत्थर का चकला, उसके ऊपर रख दें। पत्थर की भारी चीज न होने पर थाली रखकर उसके ऊपर कोई भारी वस्तु रख सकती हैं।
10. एक घंटे बाद आप देखेंगे कि पनीर ट्रे के आकार का चौकोर हो गया है, साथ ही पानी भी निकल गया है।

    इस पनीर को आप चौकोर, लंबे अथवा स्लाइस के रूप में काटकर विभिन्न प्रकार से उपयोग कर सकती हैं।

धनिया पनीर

सामग्री:

- *दूध* : *1 लीटर*
- *नीबू का रस* : *1 नीबू*
- *नमक* : *आधा चम्मच*
- *हरा धनिया* : *100 ग्राम*

विधि:

1. दूध को आंच पर भली प्रकार उबालें।
2. 50 ग्राम धनिए को बारीक पीस लें।
3. पहले दूध में नीबू का रस डालें।
4. उबलते दूध में ही पिसा हुआ धनिया डाल दें।
5. पनीर हरे रंग का हो जाएगा। इस फटे दूध को कपड़े में छान लें, पानी नीचे निकल जाएगा।
6. कपड़ा खोलकर पनीर में नमक-मिर्च मिला दें।
7. बाकी हरा धनिया बारीक काट लें और कपड़े वाले पनीर में भली प्रकार मिला दें।
8. अब कपड़े को बांधकर कुछ देर लटका दें, ताकि पानी अच्छी तरह निकल जाए।
9. पनीर को भारी चीज के नीचे दबाकर लगभग 2 घंटे तक रखें।
10. इस पनीर को ब्रेड सैंडविच या बन के बीच रखकर खाया जा सकता है अथवा सब्जी बनाने में प्रयोग किया जा सकता है।

मिर्च मसाला पनीर

इस पनीर का प्रयोग किसी भी व्यंजन या सब्जी में किया जा सकता है। यह मसालेदार चटपटा पनीर बनता है। आप चाहें तो सैंडविच में भी इसके चौकोर टुकड़े प्रयोग कर सकती हैं।

सामग्री:

- *दूध सफ़ेद : 1 लीटर*
- *सिरका : 1 टेबल स्पून*
- *नमक : आधा चम्मच*
- *गरम मसाला : 1 चम्मच*
- *अदरक पेस्ट : 1 चम्मच*
- *हरा धनिया बारीक कटा हुआ : 1 बड़ा चम्मच*

विधि:

1. दूध को आंच पर उबलने के लिए रखें।
2. उबाल आ जाने पर आंच को धीमा कर दें।
3. दूध में गरम मसाला, अदरक पेस्ट, नमक व हरा धनिया डालें। आप स्वादिष्ठ पनीर के लिए गरम मसाला स्वयं तैयार कर सकती हैं। इसके लिए छोटी इलायची, काली मिर्च, दालचीनी, जायफल व लौंग को बराबर मात्रा में सूखे तवे पर भूनकर बारीक पीस लें, फिर छान कर रख लें।
4. 3-4 मिनट तक दूध उबल जाने पर दूध में सफ़ेद सिरका डाल दें, दूध फट जाएगा।
5. बारीक साफ़ कपड़े में छानकर पानी निकालें।
6. भारी चीज रखकर पनीर को जमा दें।
7. प्रयोग करते समय स्वयं तैयार किया गरम मसाला ऊपर से और छिड़क सकती हैं।

मटर पनीर

सामग्रीः

- *दूध मलाई युक्त* : *1 लीटर*
- *नीबू का रस* : *1 नीबू*
- *मटर के दाने* : *100 ग्राम*
- *नमक* : *आधा छोटा चम्मच*

विधिः

1. सबसे पहले मटर के दाने मिक्सी में बारीक पीस ले।
2. दूध को एक उबाल दें, फिर उसमें पिसी हुई मटर मिला दें।
3. दूध में नीबू निचोड़कर कुछ मिनट गैस पर रखें।
4. दूध फट जाने पर कपड़े से छानकर कपड़े में बांधकर लटका दे।
5. पानी निकल जाने पर पनीर में नमक मिलाकर भारी वस्तु से दबाकर रख दें।
6. इस पनीर को ब्रेड अथवा तैयार सैंडविच के बीच लगाया जा सकता है अथवा सब्जी में प्रयोग किया जा सकता है।

अन्य पनीर

सामग्रीः

- *दूध* : *1 लीटर*
- *नीबू का रस* : *2-1/2 चम्मच*
- *टमाटर का रस* : *दो टमाटरों का*
- *नमक* : *2 छोटा चम्मच*
- *गरम मसाला* : *आधा छोटा चम्मच*

इसी प्रकार अनेक स्वाद का पनीर तैयार किया जा सकता है। संक्षेप में इनकी जानकारी इस प्रकार है–

1. अंडे का पनीर बनाने के लिए उबलते दूध म अंडा तोड़कर व नीबू डालना चाहिए। फिर छानते समय पनीर में नमक, काली मिर्च मिलाना चाहिए।
2. सोयाबीन का पनीर बनाने के लिए सोयाबीन को रात में भिगोकर सुबह पीसकर कपड़े से छानकर उबले दूध में नीबू के साथ डाल देना चाहिए। छानने के पश्चात् पनीर मं पिसी चीनी व इलायची मिलानी चाहिए। चाहें तो टिन फ्रूट (डिब्बे में मिलने वाला फ्रट काकटेल) के कुछ टुकड़े भी मिलाए जा सकते हैं।
3. खजूर वाला पनीर बनाने के लिए पनीर बन जाने पर उसमें खजूर काटकर व पीसकर मिलाए जा सकते हैं।
4. मूंगफली पनीर बनाने के लिए मूंगफली को भिगोकर मिक्सी में पीसकर उसमें स्वादानुसार नमक-मिर्च मिला दें। चाहें तो उसमें ज़ीरे का छौंक भी लगा दें। अब उबलते दूध में पिसी मूंगफली व नीबू डालें। फिर छानकर पनीर तैयार करें।
5. शहद के स्वाद वाला पनीर बनाने के लिए पनीर बनाने के बाद उसे भारी चीज से दबाने के पूर्व उसमें शहद मिला दें। साथ ही कुछ मेवे जैसे किशमिश, बादाम, पिस्ता आदि भी डाल दें।

सब्जियां, करी, कोफ़्ते

नवरतन क़ोरमा

सामग्रीः

- *पनीर छोटे चौकोर टुकड़ों में कटा हुआ* : ***200 ग्राम***
- *गोभी टुकड़ों में कटी हुई* : ***200 ग्राम***
- *छिली हुई मटर के दानें अथवा फ्रोज़न मटर* : ***2 कप***
- *आलू, छोटे चौकोर टुकड़ों में कटे हुए* : ***250 ग्राम***
- *गाजर 2 इंच लम्बे टुकड़ों में कटे हुए* : ***200 ग्राम***
- *फ्रेंच बीन, आधी इंच लम्बे टुकड़ों में कटी हुई* : ***200 ग्राम***
- *टमाटर पिसे हुए* : ***250 ग्राम***
- *लहसुन की पिसी हुई कलियां* : ***10-12***
- *बारीक कटी अदरक* : ***दो चम्मच***
- *मिर्च बारीक कटी हुई* : ***दो हरी***
- *धनिया बारीक कटा हुआ* : ***50 ग्राम***
- *तेल पनीर को तलने के लिए* : ***4 बड़े चम्मच***

विधिः

1. पनीर को हलकी आंच पर तलकर गुलाबी करके रख लें।
2. कुकर में 4 बड़े चम्मच तेल में ज़ीरा भूनें। इसमें अदरक, लहसुन, धनिया व हरी मिर्च डालकर भूनें।
3. अब टमाटर प्यूरी को डालकर चलाएं।
4. थोड़ा भुन जाने पर कटी हुई सब्जियां गोभी, आलू, मटर, फ्रेंच बीन, गाजर डालें और अच्छी तरह उलटें-पलटें।
5. अब इसमें फेंटी हुई दही डाल दें व आधा कप पानी डाल दें।
6. कुकर का ढक्कन लगाकर गैस तेज कर दें। एक सीटी आने पर गैस धीमी कर दें।
7. एक मिनट बाद गैस बंद कर दें।
8. अब थोड़ी देर बाद कुकर खोलकर उसमें पनीर, अनन्नास के टुकड़े, कटे काजू व बादाम डालकर धीमी आंच पर 2-3 मिनट् पकाएं।
9. अन्त में गरम दूध अथवा गरम पानी में केसर मिलाकर डाल दें। नवरतन क़ोरमा तैयार है। मेहमानों को गर्मागरम परोसें व स्वयं खाएं।

शाही पनीर

(4 व्यक्तियों के लिए)

सामग्रीः

- *पनीर : 200 ग्राम*
- *टमाटर : 200 ग्राम*
- *प्याज़ : एक बड़ा*
- *दही : 50 ग्राम*
- *गाढ़ा दूध अथवा पतली क्रीम : आधा कप*
- *टोमैटो सॉस : 1 टेबल स्पून*
- *तेल : 4 टेबल स्पून*
- *देशी घी : इच्छानुसार या 1 टेबल स्पून*
- *नमक : 1 चम्मच*
- *लाल मिर्च : 1/2 चम्मच*
- *गरम मसाला : आधा चम्मच*
- *बारीक कटी अदरक : 1 चम्मच*
- *हरी मिर्च बारीक कटी हुई : 1*
- *बड़ी इलायची : 2*
- *जीरा : 1 चम्मच*

विधिः

1. टमाटर कद्दूकस करके या मिक्सी में पीसकर रख लें।
2. पनीर के एक इंच चौकोर पतले टुकड़े काट ले।
3. प्याज बारीक काट लें।
4. 2 टेबल स्पून तेल में प्याज़ को गुलाबी होने तक भूनें।
5. इसमें अदरक, हरी मिर्च व दरदरी पिसी मोटी इलायची भूनें।
6. प्याज व मसाले भुन जाने पर टमाटर डालकर भूनें। कुछ देर में तेल अलग होने लगेगा। लगभग 8 से 10 मिनट में टमाटर भुन जाते हैं।
7. अब इसमें दही फेंटकर डालें। बड़े चम्मच से चलाती रहे। अच्छी तरह भुन जाने पर आंच से उतार लें।
8. इस मिश्रण को कुछ ठंडा करके मिक्सी में पीस लें।
9. बाकी 2 चम्मच तेल डालकर जीरा भूनें।
10. तैयार किया मसाला इस तेल में पुनः भूनें।
11. नमक, लाल मिर्च, गरम मसाला डाल दें।
12. भुन जाने पर टोमेटो सॉस मिलाकर पकाएं। फिर एक कप पानी डालकर उबालें।
13. इसमें गाढ़ा दूध मिलाकर उबालें।
14. परोसने के समय शाही पनीर की ग्रेवी गरम करके पनीर के टुकड़े डालें।
15. परोसते वक्त ऊपर से देशी घी गरम करके डाल दें।

पनीर कोरमा
मटर पनीर
पनीर पसंदा

पनीर-पीज़ा

पनीर टी स्नैक्स

कैप्सिकम पनीर

(चार व्यक्तियों के लिए)

सामग्री:

- *पनीर* : *200 ग्राम*
- *शिमला मिर्च (कैप्सिकम) बड़े आकार की* : *150 ग्राम*
- *टमाटर मध्यम आकार के* : *2*
- *नमक* : *स्वादानुसार*
- *धनिया पाउडर मोटा पिसा* : *1 चम्मच*
- *अदरक बारीक कटी* : *1 चम्मच*
- *हरी मिर्च* : *1*
- *मेथी दाना* : *आधा चम्मच*
- *तेल* : *4 टेबल स्पून*
- *बड़ी प्याज* : *2*
- *लहसुन की कली* : *8-10*
- *हरा धनिया बारीक कटा हुआ* : *थोड़ा*

विधि:

1. शिमला मिर्च के 1/2 इंच चौड़े टुकड़े लंबाई में काटें।
2. एक टेबल स्पून तेल गरम करके उसमें शिमला मिर्च भली भांति भूनें।
3. शिमला मिर्च हलकी पक जाने पर उसमें हलका-सा नमक डालकर कटोरी में निकाल कर रख लें।
4. 3 बड़े चम्मच तेल गरम करके मेथी दाना भूनें।
5. यदि लहसुन व प्याज डालना चाहती हैं, तो उन्हें बारीक पीसकर तेल में भूनें।
6. टमाटर बारीक पीसकर अथवा छोटे टुकड़ों में काटकर तेल में डाल दें।
7. कुछ देर भूनते रहने पर तेल अलग होने लगेगा, तब इसमें कटी हुई अदरक, हरी मिर्च, लाल मिर्च व धनिया पाउडर डालें।
8. पनीर के आधा इंच चौड़े व 2 इंच लंबे टुकड़े काटें।
9. टमाटर की तरी में नमक डालकर शिमला मिर्च व पनीर मिला दें।
10. कलछी से पनीर व शिमला मिर्च धीरे-धीरे पलटें।
11. परोसते समय कटा हुआ हरा धनिया डालकर परोसें। चाहें तो बारीक अदरक भी ऊपर से डाल सकते हैं।

मटर पनीर

(6 व्यक्तियों के लिए)

सामग्रीः

- *पनीर लंबे-चौड़े व मोटे टुकड़ों में कटा हुआ (1 इंच क्यूब)* : *200 ग्राम*
- *मटर के दाने या फ्रोजन मटर* : *250 ग्राम*
- *प्याज पिसी हुई या कटी हुई* : *250 ग्राम*
- *कटे या पिसे टमाटर* : *250 ग्राम*
- *तेल* : *1 कप*
- *अदरक पिसी हुई या पेस्ट* : *10 ग्राम*
- *लहसुन कली* : *6 या 8*
- *नमक* : *स्वादानुसार*
- *लाल मिर्च* : *1-1/2 चम्मच*
- *हलदी* : *1 चम्मच*
- *धनिया पाउडर* : *1 चम्मच*
- *गरम मसाला* : *आधा चम्मच*
- *जीरा* : *1 चम्मच*
- *धनिया कटा हुआ* : *1 गुच्छी*

विधिः

1. पनीर के टुकड़े तेल में हलके गुलाबी तल लें।
2. कुकर में बाकी बचा आधा कप तेल डालें व उसमें जीरा भूनें।
3. जीरा गुलाबी होने पर अदरक-लहसुन का पेस्ट भुनें।
4. अब इसमें लाल मिर्च, धनिया पाउडर, हलदी व नमक डालकर कलछी से हिलाएं।
5. टमाटर का गूदा डालें व चम्मच से भली प्रकार चलाएं। लगभग 5 मिनट में तेल अलग होने लगेगा।
6. मटर के दाने डालकर चलाएं। लगभग 2 मिनट में मटर के दाने भी भुन जाएंगे।
7. एक कप पानी डालकर कुकर बंद कर दें।
8. कुकर में सीटी आ जाने पर गैस बंद कर दें।
9. कुकर का प्रेशर निकल जाने पर कुकर को खोलकर हलकी आंच पर रखें।
10. पनीर डालें व धीमी आंच पर 5 मिनट तक पकाएं।
11. गरम मसाला डाल दें व चलाएं।
12. ऊपर से कटा धनिया डालकर तैयार सब्जी को परोसें।

नोट : स्वादानुसार तरी तैयार करके उसमें बिना तले कच्चे पनीर के चौकोर टुकड़े भी डाले जा सकते हैं।

मुग़लई पनीर

(6 व्यक्तियों के लिए)

सामग्रीः

- *पनीर 1 इंच के चौकोर टुकड़े : 250 ग्राम*
- *टमाटर कटे या पीसे हुए : 150 ग्राम*
- *प्याज लच्छों में कटी हुई : 350 ग्राम*
- *काजू : 10*
- *खशखश : 3 चम्मच*
- *क्रीम : 2 बड़े चम्मच*
- *दही फेंटा हुआ : आधा कप*
- *दूध : आधा कप*
- *तेल : 3/4 कप*
- *नमक : स्वादानुसार*
- *लाल मिर्च : 1 चम्मच*
- *गरम मसाला : आधा चम्मच*

विधिः

1. सबसे पहले पनीर को धीमी आंच पर हलका गुलाबी तल लें।
2. खशखश व काजू को पानी में भिगोकर पीस लें।
3. 3 बड़े चम्मच तेल लेकर उसमें प्याज़ को गुलाबी होने तक भूनें।
4. उसमें फेंटा हुआ दही डालकर चलाते रहें। कुछ देर में दही भी लाल रंग का हो जाएगा।
5. अब इस सामग्री को थोड़ा ठंडा करके मिक्सी में पीस लें।
6. पुनः एक चम्मच तेल में मिश्रण को भूनें।
7. दो मिनट बाद ही इसमें पीसे हुए टमाटर मिला दें। कुछ देर में तेल अलग होने लगेगा।
8. अब पीसे हुए काजू व खशखश मिला दें। और धीमी आंच पर भूनें।
9. नमक, मिर्च, गरम मसाला डाल दें। अच्छी तरह मिलाएं।
10. अब आधा कप दूध इस मिश्रण में डाल दें और उबाल आने दें।
11. गाढ़ी ग्रेवी तैयार करके रख लें।
12. सब्जी परोसने के पूर्व ग्रेवी को 2-3 मिनट उबालें। ग्रेवी रखे-रखे ज्यादा गाढ़ी हो गई हो, तो थोड़ा पानी डाल दें।
13. पनीर डालकर भली प्रकार उबाल आने पर परोसें।

मलाई कोफ़्ता

(6 व्यक्तियों के लिए)

सामग्री:

कोफ़्ते

- *पनीर मसला हुआ/ कद्दूकस किया हुआ: 200 ग्राम*
- *उबले हुए व मसले हुए आलू : 100 ग्राम*
- *स्लाइस ब्रेड : 3*
- *बेसन : 1 बड़ा चम्मच*
- *काजू बारीक कटे हुए : 8-10*
- *बारीक कटे बादाम : 10-12*
- *नमक : स्वादानुसार*
- *लाल मिर्च : आधा चम्मच*
- *गरम मसाला : आधा चम्मच*
- *तेल : तलने के लिए*

ग्रेवी

- *प्याज़ कसे हुए या बारीक कटे हुए : 2 बड़े*
- *टमाटर कसे हुए : 3 बड़े*
- *बारीक कटा अदरक : 1 चम्मच*
- *हरी मिर्च बारीक कटी हुई : 1*
- *ज़ीरा : 1 चम्मच*
- *तेल : 2 बड़े चम्मच*
- *खशखश : 1 बड़ा चम्मच*
- *काजू : 5*
- *क्रीम या गाढ़ी मलाई : 1/4 कप*
- *नमक : स्वादानुसार*
- *हलदी : आधा चम्मच*
- *लाल मिर्च : आधा चम्मच*
- *गरम मसाला : 1/4 चम्मच*
- *धनिया पाउडर : 1-1/2 चम्मच*
- *बारीक कटा हुआ हरा धनिया : थोड़ा-सा*

विधि:

1. उबले व मसले हुए आलू में मसला हुआ पनीर भली प्रकार मिला दें।
2. इसमें ब्रेड स्लाइस मसलकर भली प्रकार मिला दें। यदि ब्रेड बहुत नरम हो, तो मिक्सी में पीसा जा सकता है अथवा पानी में भिगोकर अच्छी तरह निचोड़कर मिलाया जा सकता है।
3. इसमें नमक, लाल मिर्च, गरम मसाला व बेसन मिला दें।
4. सारी सामग्री को भली प्रकार मिला लें।
5. एक कोफ़्ते के आकार का मिश्रण लेकर हाथ से दबाएं व बीच में कटे हुए बादाम व काजू रखकर पुन: कोफ़्ते का आकार दें।
6. मिश्रण हाथ में चिपक रहा हो, तो पानी से हाथ गीला करें।
7. सारे कोफ़्ते बनाकर प्लेट में रख लें। फिर तेज़ गरम तेल में इन कोफ़्तों को

तलें। यदि धीमी आंच होगी तो कोफ़्ते तेल में छोड़ने पर फट सकते हैं। इसी प्रकार सारे कोफ़्ते तल लें।

विशेष : यदि आपके कोफ़्ते तेल में छोड़ने पर टूट/फट रहे हैं, तो इसके निम्न कारण हो सकते हैं:

1. आंच बहुत धीमी है।
2. मिश्रण ठीक नहीं बना है।
3. पलटते समय कलछी लग रही है।

अतः कोफ़्ते तेल में छोड़ते समय आंच तेज़ रखें व हलका सिक जाने पर आंच धीमी कर दें, ताकि कोफ़्ता भीतर तक सिक जाए। मिश्रण ठीक न होने के कारण भी कोफ़्ते फटते हैं। इसके लिए मिश्रण में बेसन अथवा ब्रेड का चूरा और मिला लेना चाहिए। कड़ाही में फट चुके कोफ़्तों में भी बेसन मिलाकर पुनः तला जा सकता है। इसके अतिरिक्त पलटते समय ध्यान से पलटना चाहिए।

ग्रेवी (तरी)

1. 2 चम्मच तेल को गरम करके जीरे को गुलाबी होने तक भूनें।
2. इसमें पिसा प्याज डालकर भूनें।
3. प्याज गुलाबी हो जाने पर कटे हुए काजू, पिसी हुई खशखश व धनिया डालें व दो मिनट भूनें।
4. इसमें हरी मिर्च, अदरक, लाल मिर्च, नमक व गरम मसाला भी डाल दें।
5. इस मिश्रण को थोड़ा ठंडा करके मिक्सी में पीस लें।
6. पुनः 2 बड़े चम्मच तेल में इस मिश्रण को भूनें।
7. दो मिनट बाद पिसे हुए टमाटर डालकर भूनें। 5–7 मिनट में तेल अलग होने लगेगा।
8. इस मिश्रण में एक कप पानी डालकर उबालें और अच्छी तरह चलाकर गैस बंद कर दें।
9. परोसते समय तरी को तेज गरम करें और डोंगे (सर्विंग बाउल) में पलट लें।
10. तैयार कोफ़्ते को मलाई में लपेटकर तरी में छोड़ दें और गर्मागरम प्रस्तुत करें।

पनीर विद सोया सॉस

(4 व्यक्तियों के लिए)

सामग्री:

- *पनीर छोटे चौकोर टुकड़ों में कटा हुआ : 150 ग्राम*
- *सोया सॉस : 2 चम्मच*
- *चिली सॉस : 1 चम्मच*
- *टोमेटो सॉस : 2 टेबल स्पून*
- *मैदा : 2 चम्मच*
- *कार्नफ्लोर : 1 चम्मच*
- *हरी मिर्च : 2*
- *नमक : 1/4 चम्मच*
- *गरम मसाला : चुटकी-भर*
- *अजीनो-मोटो : 1 चम्मच*
- *चीनी : चुटकी-भर*
- *हरा धनिया कटा हुआ : थोड़ा-सा*
- *तलने के लिए तेल : 2 बड़े चम्मच*

विधि:

1. मैदा, कार्नफ्लोर व नमक मिलाकर गाढ़ा घोल तैयार कर लें। हाथ से अच्छी तरह देख लें, रोड़ी तो नहीं बन रही है।
2. पनीर के चौकोर टुकड़े इसमें डुबोकर तल लें।
3. दो टेबल स्पून तेल गरम करके टमाटर सॉस, चिली सॉस व सोया सॉस मिला दें।
4. इसमें नमक, काली मिर्च, चीनी व अजीनोमोटो मिला दें।
5. अच्छी तरह भुन जाने पर आंच धीमी कर दें।
6. अब इसमें पनीर के टुकड़े व धनिया अच्छी तरह मिलाएं।
7. दो मिनट बाद ही गैस बंद कर दें और पनीर विद सोया सॉस ढक दें।
8. गर्मागरम सूखी सब्जी का आनन्द लें।

18

चना पनीर

(8 से 10 व्यक्तियों के लिए)

सामग्रीः

- *पनीर 1 इंच चौकोरे टुकड़े में कटी हुई : 400 ग्राम*
- *चने पानी में भीगे व उबले हुए : 350 ग्राम*
- *टमाटर पीसे हुए : 400 ग्राम*
- *लहसुन : 8-10 कली (इच्छानुसार)*
- *लौंग : 4*
- *करी पत्ता : 2*
- *लाल मिर्च (कश्मीरी) : 2*
- *बड़ी इलाइची : 3*
- *दाल चीनी : 2-3 टुकड़े*
- *प्याज़ कसी हुई : 400 ग्राम*
- *नमक : स्वादानुसार*
- *लाल मिर्च : 2 चम्मच*
- *हलदी : 1 चम्मच*
- *गरम मसाला : 1 चम्मच*
- *हरा धनिया कटा हुआ : एक कप*
- *तेल तलने के लिए : 4 बड़े चम्मच*

विधिः

1. अदरक, लहसुन पीसकर पेस्ट बना लें।
2. पनीर के टुकड़े धीमी आंच पर गुलाबी तल लें।
3. 4 बड़े चम्मच तेल को कुकर में गरम करें। उसमें साबुत लाल मिर्च, लौंग, करी पत्ता, दाल चीनी, बड़ी इलायची डालकर भूनें।
4. अब कसी हुई प्याज़ डालकर भूरा होने तक भूनें।
5. अदरक, लहसुन का पेस्ट डालकर भूनें। कुछ सेकेंड में ही यह भुन जाएगा।
6. पीसे हुए टमाटर डालकर भूनें। साथ ही हलदी व मिर्च पाउडर भी डालें।
7. गूदा अच्छी तरह भुन जाने पर तेल अलग होने लगेगा। टमाटर का गूदा भुनने में 5 से 7 मिनट लगते हैं।
8. भीगे हुए व पहले से उबालकर रखे हुए चने इस मिश्रण में डालें और 3-4 मिनट तक चलाएं।
9. 4 कप पानी डालकर अच्छी तरह चलाकर कुकर बंद कर दें। सीटी बज जाने पर गैस धीमी कर दें।
10. लगभग 5 मिनट धीमी आंच पर चने पकने दें, फिर गैस बंद कर दें।
11. कुकर ठंडा होने पर उसे खोलकर धीमी आंच पर रखकर पनीर के टुकड़े डाल दें। 3-4 मिनट पकने दें।
12. धनिया पत्ती डालकर, सजाकर चना-पनीर पेश करें।

पालक पनीर

(6 व्यक्तियों के लिए)

सामग्री:

- *पालक : आधा किलो*
- *पनीर : 200 ग्राम*
- *प्याज़ लच्छे में कटा हुआ : 250 ग्राम*
- *टमाटर बारीक कटे या पिसे हुए : 3 बड़े*
- *तेल : 3 टेबल स्पून*
- *देशी घी : 1 टेबल स्पून*
- *कश्मीरी लाल मिर्च : आधा चम्मच*
- *हींग : 1 चुटकी*
- *जीरा : 1 चम्मच*
- *नमक : 1-1/2 चम्मच*
- *लाल मिर्च : 1 चम्मच*
- *हलदी : 1 चम्मच*
- *गरम मसाला : आधा चम्मच*
- *बेसन : 1 बड़ा चम्मच*

विधि:

1. पालक के डंठल तोड़कर, पत्ते धोकर बिना पानी के उबाल लें।
2. उबला पालक ठंडा होने पर मिक्सी में पीस लें। पानी नहीं डालना है।
3. तेल गरम करके हींग, जीरे का छौंक लगाएं।
4. इसमें प्याज के लच्छे भूरे होने तक भूनें।
5. टमाटर डालकर 5-6 मिनट तक भूनें।
6. नमक, लाल मिर्च, गरम मसाला, हलदी डालकर भली प्रकार चलाएं।
7. तेल अलग होने पर उसमें पिसी पालक डाल दें।
8. 2-3 मिनट उबाल आने पर आंच धीमी कर दें।
9. बेसन को एक कटोरी में गाढ़ा घोलें।
10. गैस तेज करके बेसन का मिश्रण एक हाथ से डालते हुए एक हाथ से पालक चलाएं। छोड़ देने पर बेसन की गोलियां बन जाएंगी।
11. यदि आपको थोड़ा खट्टा साग पसंद हो, तो दो चम्मच दही भी डाला जा सकता है।
12. उबाल आने तक अच्छी तरह चलाएं। फिर ढककर धीमी आंच पर 3-4 मिनट पकाएं व गैस बंद कर दें।
13. पनीर के आधा इंच चौड़े, 2 इंच लंबे टुकड़े काटें।
14. परोसते समय साग को अच्छी तरह गरम करके ऊपर से कटे हुए पनीर के टुकड़े मिला दें।
15. परोसते समय ही देशी घी गरम करके उसमें कश्मीरी लाल मिर्च डालें और पालक पनीर साग के ऊपर डाल दें।

    स्वादिष्ठ पालक पनीर तैयार है।

खोया पनीर

(4 व्यक्तियों के लिए)

सामग्री:

- *पनीर छोटे चौकोर टुकड़ों में कटा हुआ* : *250 ग्राम*
- *खोया कद्दूकस किया हुआ* : *150 ग्राम*
- *टमाटर कद्दूकस किया हुआ* : *100 ग्राम*
- *प्याज कसी हुई* : *100 ग्राम*
- *अदरक बारीक कटी हुई या पिसी हुई* : *10 ग्राम*
- *हरी मिर्च बारीक कटी हुई* : *1*
- *तेल* : *2 बड़े चम्मच*
- *नमक* : *एक चम्मच*
- *लाल मिर्च* : *आधा चम्मच*
- *हलदी* : *आधा चम्मच*
- *गरम मसाला* : *आधा चम्मच*
- *सूखा धनिया पिसा हुआ* : *1 चम्मच*
- *अमचूर* : *1/4 चम्मच*
- *जीरा* : *आधा चम्मच*
- *काजू टुकड़े* : *10*

विधि:

1. पनीर को तलकर गुलाबी कर लें।
2. तेल गरम करके जीरे का छौंक बनाएं।
3. जीरा गुलाबी हो जाने पर प्याज डाल दें। हलका भूरा होने तक प्याज तलें।
4. इसमें कटी अदरक, हरी मिर्च डालें।
5. अब कटे हुए आधे काजू डालकर धीमी आंच पर भूनें।
6. कसा हुआ आधा खोया मिलाकर भूनें।
7. अब टमाटर भी मिला दें और भूनें।
8. नमक, लाल मिर्च, हलदी, गरम मसाला व पिसा धनिया डालें।
9. तेल छूटने पर एक कप पानी डालें और उबाल आने दें।
10. परोसते समय खोया टमाटर की यह ग्रेवी गरम करें और तले हुए पनीर के टुकड़े डालें।
11. 2 मिनट उबाल आने पर उतार लें।
12. ऊपर से सजावट के लिए बाकी कसा हुआ खोया व काजू के टुकड़े डालें।

शाही कोफ़्ते

(6 व्यक्तियों के लिए)

सामग्री:

कोफ़्ते

- *पनीर कसा हुआ : 250 ग्राम*
- *ब्रेड-स्लाइस : 3*
- *कार्नफ्लोर : 1-1/2 चम्मच*
- *नमक : आधा चम्मच*
- *गरम मसाला : 1/4 चम्मच*
- *लाल मिर्च : 1/2 चम्मच*

भरावन

- *शिमला मिर्च लम्बे लच्छों में कटी हुई : 1 बड़ी*
- *पत्ता गोभी बारीक लच्छों में कटी हुई : 3 बड़े चम्मच*
- *बारीक कटे हुए : 6 बादाम*
- *बारीक कटी हुई : 1 प्याज़*
- *तेल : 4 बड़े चम्मच*
- *नमक : आधा चम्मच*
- *गरम मसाला : 1/4 चम्मच*

ग्रेवी

- *बारीक पिसी हुई : 3 प्याज़*
- *टमाटर पिसे हुए (लगभग 200 ग्राम) : 3-4 बड़े*
- *दही फेंटी हुई : आधा कप*
- *अदरक बारीक कटी हुई : 1 चम्मच*
- *तेल : 4 बड़े चम्मच*
- *जीरा : 1 चम्मच*
- *नमक : स्वादानुसार*
- *लाल मिर्च : 1/2 चम्मच*
- *गरम मसाला : 1/2 चम्मच*
- *धनिया पाउडर : 1 चम्मच*
- *टोमेटो सॉस : 1 बड़ा चम्मच*
- *बड़ी इलायची के दाने पिसे हुए : 2*

विधि:

भरावन

1. प्याज को तेल में हलका-सा भूनें।
2. इसमें पत्ता गोभी डालकर, एक मिनट भूनें।
3. फिर गाजर डालकर हलका-सा भूनें।
4. शिमला मिर्च डालकर भूनें।
5. कटे बादाम, नमक व गरम मसाला मिलाएं व गैस से उतारकर रख लें।

कोफ़्ते

1. कसा हुआ पनीर, ब्रेड को चूर करके मिला लें। ब्रेड को चूरा करने के लिए मिक्सी में पीसा जा सकता हैं।

2. इसमें कार्नफ्लोर, नमक, लाल मिर्च व गरम मसाला मिलाएं।
3. अच्छी तरह मिश्रण तैयार हो जाने पर एक मुट्ठी मिश्रण हाथ में लें।
4. मिश्रण को गोलाई में चपटा दबाएं और भरावन का मिश्रण भरें।
5. हाथ से पुनः बंद कर दें और कोफ़्तों को अंडाकार बना लें।
6. सारे कोफ़्ते इसी प्रकार तैयार करके प्लेट में रख लें।
7. कड़ाही में तेज गरम तेल करें, फिर आंच धीमी करके कोफ़्ते गुलाबी होने तक तलें।

ग्रेवी

1. चार बड़े चम्मच तेल में जीरा भूनें, जीरा गुलाबी होना चाहिए, काला नहीं।
2. इसमें प्याज डालें और गुलाबी होने तक भूनें।
3. कटी अदरक व पिसी हुई बड़ी इलायची भी प्याज में डालकर 15 सेकेंड भूनें।
4. लाल मिर्च, धनिया पाउडर, नमक, गरम मसाला मिलाएं।
5. दही डालकर चलाती रहें और तब तक भूनें, जब तक तेल अलग न होने लगे।
6. पिसे हुए टमाटर डालकर चलाएं।
7. तेल अलग होने पर टोमेटो सॉस मिला दें।
8. एक कप पानी डालकर उबालें। ग्रेवी अधिक गाढ़ी होने पर पानी और डाल सकती हैं।
9. पानी के साथ 5 मिनट तक उबालें और गैस बंद कर दें।
10. परोसते समय तैयार ग्रेवी को गरम करें और कोफ़्ते को बीच से लंबाई में काटकर ग्रेवी में डाल दें।
11. स्वादिष्ठ शाही कोफ़्तों का स्वयं भी आनन्द लें, मेहमानों को भी खिलाएं।

वेजीटेबल कोफ़्ता विद पनीर

(6 व्यक्तियों के लिए)

सामग्री:

कोफ़्ते

- *पनीर कसा हुआ : 250 ग्राम*
- *मटर के दाने : 1 कप*
- *गोभी : 250 ग्राम*
- *गाजर : 150 ग्राम*
- *फ्रेंच बीन्स : 50 ग्राम*
- *बेसन : 2 बड़े चम्मच*
- *आलू उबले हुए : 2 बड़े*
- *नमक : 1 चम्मच*
- *लाल मिर्च : 1/2 चम्मच*
- *काजू कटे हुए : 10-12*
- *बादाम कटे हुए : 8-10*
- *तेल : तलने के लिए*

ग्रेवी

- *प्याज़ कसे या बारीक कटे हुए : 2 बड़े*
- *टमाटर (250 ग्राम) : 5-6 बड़े*
- *तेल : 4 बड़े चम्मच*
- *दूध : 1 कप*
- *नमक : इच्छानुसार*
- *लाल मिर्च : 1 चम्मच*
- *अमचूर : 1/2 चम्मच*
- *हलदी : 1/2 चम्मच*
- *जीरा : 1/2 चम्मच*
- *हींग : एक चुटकी*

विधि:

कोफ़्ते

1. मटर, गोभी, गाजर, फ्रेंच बीन व आलू को उबाल लें।
2. सब सब्जियों को मसलकर पनीर मिला लें।
3. इसमें बेसन, मसाले, काजू व बादाम डालकर अच्छी तरह मिलाएं।
4. यदि मिश्रण ढीला या नरम हो तो बेसन और मिला लें।
5. तेज गरम तेल में कोफ़्तों को तल लें।

विशेष: मौसम व उपलब्धता के अनुसार सब्जियों को बदला जा सकता है। आलू व पनीर के अतिरिक्त लौकी, टिंडे, बंदगोभी, तोरई, सीताफल आदि किसी भी सब्जी को थोड़ी-थोड़ी मात्रा में मिलाया जा सकता है।

ग्रेवी

1. यदि प्याज डालना चाहें तो पहले प्याज भून लें, अन्यथा 3 चम्मच तेल में हींग व ज़ीरे का छौंक लगाने के बाद टमाटर को तेल छोड़ने तक भून लें।
2. टमाटर भुन जाने पर अमचूर के अतिरिक्त मसाले मिला दें।
3. अब दूध मिलाकर उबाल आने तक पकाएं।
4. अंत में स्वादानुसार आधा या चौथाई चम्मच अमचूर मिला दें।
5. परोसते समय तरी गरम करके ऊपर से एक बड़ा चम्मच तेल डाल दें और कोफ़्ते तरी में छोड़ दें।

पनीर मिक्स वेजीटेबल

(6 व्यक्तियों के लिए)

सामग्री:

- *पनीर 1 इंच चौकोर चपटे कटे हुए : 350 ग्राम*
- *प्याज़ बारीक कटे हुए : 2 बड़े*
- *शिमला मिर्च गोल लच्छों में कटी हुई : 1 बड़ी*
- *प्याज गोल लच्छों में कटी हुई : 2 सामान्य आकार की*
- *टमाटर बारीक कटे हुए या पिसे हुए : 5 मध्यम आकार के*
- *तेल : 1/2 कप*
- *काजू : 4 पिसे हुए*
- *अदरक पेस्ट : 1 चम्मच*
- *लहसुन पेस्ट : 1 चम्मच*
- *कसूरी मेथी : 2 चम्मच*
- *चीनी : 2 चम्मच*
- *भुना पिसा जीरा : 1 चम्मच*
- *नमक : 2 छोटे चम्मच*
- *लाल मिर्च : 1 चम्मच*
- *गरम मसाला : आधा चम्मच*

विधि:

1. सबसे पहले 3 बड़े चम्मच तेल में प्याज को हलका गुलाबी भूनें।
2. इसमें अदरक, लहसुन का पेस्ट डालकर भूनें।
3. अब इसमें लाल मिर्च डालकर भून लें।
4. भुन जाने पर थोड़ा-थोड़ा करके दूध डालें। 2-3 मिनट में दूध गाढ़ा हो जाएगा।
5. काजू पाउडर डालकर भूनें।
6. पिसे टमाटर डालकर भूनें।
7. 7-8 मिनट में टमाटर भुन जाएगे और तेल अलग होने लगेगा।
8. कसूरी मेथी मिलाएं।
9. नमक, लाल मिर्च, गरम मसाला, चीनी और भुना जीरा मिलाएं।
10. एक कप पानी मिलाकर उबालें। 3-4 मिनट उबलने दें, फिर आंच बंद कर दें।
11. दूसरे फ्राइंगपैन में मक्खन को गरम करें।
12. मक्खन में शिमला मिर्च व प्याज़ के लच्छे भूनें, पसन्द हो तो हरी मिर्च के टुकड़े भी डाल सकती हैं।
13. इसमें चुटकी-भर नमक मिलाकर उलटें, पलटें व आंच बन्द कर दें।
14. परोसते समय ग्रेवी को तेज गरम करके उसमें मक्खन में भुने शिमला मिर्च, प्याज व कच्चे पनीर के टुकड़े मिला दें।
15. अंत में ऊपर से एक चम्मच मक्खन डाल दें।

कड़ाही पनीर

(6 व्यक्तियों के लिए)

सामग्री:

- *पनीर : 400 ग्राम*
- *टमाटर पिसे हुए अथवा पैकेट टमाटर प्यूरी : 300 ग्राम*
- *प्याज़ बारीक कटी हुई : 2 बड़ी*
- *लहसुन पेस्ट : 1 चम्मच*
- *अदरक पेस्ट : 1/2 चम्मच*
- *हरी शिमला मिर्च (टुकड़ों में कटी हुई) : 1 बड़ी*
- *पीली शिमला मिर्च लंबे टुकड़ों में कटी हुई : 1*
- *लाल शिमला मिर्च लंबी कटी हुई : 1*
- *तेल : 3 टेबल स्पून*
- *देशी घी : 1 टेबल स्पून*
- *नमक : स्वादानुसार*
- *लाल मिर्च : 1 चम्मच*
- *गरम मसाला : 1/2 चम्मच*
  हलदी : 1/2 चम्मच
- *धनिया पाउडर : 1 चम्मच*
- *जीरा : 1/2 चम्मच*
- *छोटी इलायची पिसी हुई : 1/2 चम्मच*
- *कसूरी मेथी : एक चुटकी*
- *जावित्री पाउडर : 1/4 चम्मच*
- *लौंग : 1 चुटकी*
- *हरा धनिया बारीक कटा हुआ : एक गुच्छी*

विधि:

1. कड़ाही में तेल गरम करके जीरा भूनें, फिर प्याज को भूनें।
2. प्याज गुलाबी होने पर अदरक, लहसुन का पेस्ट डालकर भूनें।
3. अब धनिया पाउडर डालकर 30 सेकंड भूनें।
4. फिर लाल मिर्च, हलदी, गरम मसाला डालकर भली प्रकार चलाएं।
5. पिसे टमाटर डालकर 7-8 मिनट भूनें। यदि टमाटर प्यूरी डालें, तो यह 4-5 मिनट में ही भुन जाएगी।
6. तेल अलग होने लगे तो इसका मतलब है कि टमाटर भुन गए हैं।
7. अब इसमें तीनों प्रकार की शिमला मिर्च के टुकड़े डालकर चलाएं।
8. दो मिनट में शिमला मिर्च नरम होने लगेगी, तब पनीर के टुकड़े डाल दें।
9. पनीर के टुकड़े धीमे से एक मिनट बाद पलटें, ताकि थोड़े नरम हो जाएं, लेकिन टूटें नहीं।
10. ऊपर से जावित्री पाउडर, दालचीनी, कसूरी मेथी व लौंग डालकर धीमे से चलाएं।
11. परोसते समय देशी घी तेज गरम करके ऊपर से डाल दें और हरा धनिया सजाकर प्रस्तुत करें।

दिलरुबा कोफ़्ता

(6 व्यक्तियों के लिए)

सामग्री:

कोफ़्ते

- *आलू उबले व मसले हुए : 400 ग्राम*
- *पनीर : 300 ग्राम*
- *खोया : 150 ग्राम*
- *काजू बारीक कटे हुए : 50 ग्राम*
- *किशमिश : 15 से 20*
- *नमक : स्वादानुसार*
- *लाल मिर्च : 1 चम्मच*
- *धनिया पाउडर : 1 चम्मच*
- *घी/तेल : तलने के लिए*

ग्रेवी

- *प्याज पिसी हुई या बारीक कटी हुई : 3 बड़ी*
- *घी : 3 बड़े चम्मच*
- *क्रीम : 1/2 कप*
- *दही : 250 ग्राम*
- *नमक : स्वादानुसार*
- *लाल मिर्च : 1/2 चम्मच*
- *हलदी : 1/2 चम्मच*
- *गरम मसाला : 1/2 चम्मच*
- *धनिया पाउडर : 1 चम्मच*

विधि:

1. मसले आलू में पनीर को मसलकर मिला दें।
2. इस मिश्रण में नमक, लाल मिर्च व हरा धनिया काटकर मिला द।
3. खोये को कस कर उसमें काजू के टुकड़े व किशमिश मिला दें।
4. आलू-पनीर मिश्रण के गोल कोफ़्ते बनाकर हाथ से दबाकर चपटा करें।
5. बीच में खोये का मिश्रण भरकर, पनीर मिश्रण को बंद करके कोफ़्ते का आकार दें।
6. सारे कोफ़्ते गुलाबी तल लें।

ग्रेवी

1. घी में प्याज को सुनहरा होने तक भूनें।
2. इसमें नमक, मिर्च, धनिया व गरम मसाला डाल दें।
3. दही डालकर अच्छी तरह पकाएं।
4. अच्छी तरह दही मिल जाने पर इसमें क्रीम डाल दें।
5. हलका-सा उबाल आते ही आंच बंद कर दें।
6. परोसते समय पहले कोफ़्ते डालें और ऊपर से गरम की हुई ग्रेवी डालें।

पनीर कोफ़्ता (अंडे के साथ)

(4 से 6 व्यक्तियों के लिए)

सामग्री:

• *पनीर*	*: 200 ग्राम*	*ग्रेवी*	
• *प्याज (मध्यम आकार की) बारीक कटी हुई*	*: 2*	• *प्याज़ बारीक पिसी हुई*	*: आधा किलो*
• *हरी मिर्च बारीक कटी हुई*	*: 1*	• *टमाटर अथवा एक पैकेट टमाटर प्यूरी*	*: 250 ग्राम*
• *अंडे*	*: 2*	• *दही*	*: 250 ग्राम*
• *मैदा*	*: 2 बड़े चम्मच*	• *गाढ़ी क्रीम*	*: 1/4 चम्मच*
• *नमक*	*: स्वादानुसार*	• *नमक*	*: स्वादानुसार*
• *गरम मसाला*	*: 1/4 चम्मच*	• *कश्मीरी लाल मिर्च*	*: 1/2 चम्मच*
• *तेल*	*: तलने के लिए*	• *हलदी*	*: 1/4 चम्मच*
		• *धनिया पाउडर*	*: 2 चम्मच*
		• *तेल*	*: 4 बड़े चम्मच*

विधि:

कोफ़्ते

1. पनीर को मसलकर रख लें व हलका-सा नमक मिला दें।
2. अंडों को फेंटकर उसमें मैदा मिला लें।
3. इस मिश्रण में कटी प्याज, अदरक व हरी मिर्च मिला दें।
4. पनीर के छोटे-छोटे गोल कोफ़्ते बनाएं।
5. कड़ाही में तेल गरम करें।
6. पनीर के गोल कोफ़्ते मैदा-अंडे के मिश्रण में डुबोकर तेल में तलें।
7. सारे कोफ़्ते इसी प्रकार गुलाबी होने तक तलें।

ग्रेवी

1. तेल में पिसी हुई प्याज को सुनहरा होने तक तलें।
2. अब टमाटर प्यूरी (150 ग्राम) डालकर चलाएं। चाहें तो प्यूरी के स्थान पर टमाटर बारीक पीसकर डालें।
3. सारे मसाले डालकर धीमी आंच पर चलाती रहें।
4. तेल अलग होने पर दही को फेंटकर डालें और चलाती रहें।
5. अच्छी तरह भुन जाने पर डेढ़ कप पानी डालकर पकाएं।
6. परोसते समय कोफ़्ते बर्तन में डालकर ऊपर से गरम ग्रेवी डालें।
7. अंत में फेंटी हुई क्रीम डालकर प्रस्तुत करें।

मटर मलाई कोफ़्ता

(4 व्यक्तियों के लिए)

सामग्री:

कोफ़्ते

- *मटर के दाने पिसे हुए : 50 ग्राम*
- *मसला हुआ पनीर : 250 ग्राम*
- *नमक : चुटकी भर*
- *गरम मसाला : चुटकी भर*
- *तेल : तलने के लिए*

ग्रेवी

- *मटर के दाने पिसे हुए : 250 ग्राम*
- *प्याज कसे हुए : 2 बड़े*
- *दही फेंटी हुई : आधा कप*
- *नमक : स्वादानुसार*
- *लाल मिर्च : 1/2 चम्मच*
- *हलदी : 1/2 चम्मच*
- *गरम मसाला : 1/2 चम्मच*
- *हरी मिर्च बारीक कटी हुई : 1*
- *हींग : 1 चुटकी*
- *धनिया पाउडर : 1 चम्मच*
- *इलायची : 2 हरी*
- *ताजी मलाई : 1/4 चम्मच*
- *तेल/देशी घी : दो टेबल स्पून*

विधि:

1. मसले हुए पनीर में नमक व गरम मसाला मिलाएं।
2. थोड़ा-सा पनीर हाथ में लेकर चपटा करें।
3. बीच में पिसी हुई मटर रखकर पनीर को गोल कोफ़्ते का आकार दें।
4. कड़ाही में थोड़ा-सा तेल छोड़ें। बहुत अधिक तेल छोड़कर डीप फ्राई करने की आवश्यकता नहीं है।
5. तेल गरम हो जाने पर मध्यम आंच पर कोफ्ते को गुलाबी होने तक तलें।
6. एक फ्राइंग पैन में देशी घी गरम करें।
7. हींग डाल दें।
8. हींग भुन जाने पर प्याज डालें और नरम हो जाने तक भूनें।
9. अब इसमें पिसे हुए मटर के दाने और फेंटी हुई दही डालकर चलाएं।
10. अच्छी तरह चलाती रहें। उबाल आने पर नमक, लाल मिर्च, धनिया पाउडर व गरम मसाला डाल दें।
11. 3-4 मिनट तक उबाल आने दें।
12. अब इसमें एक से डेढ़ कप पानी डाल दें और उबलने दें।
13. इसमें कोफ़्ते डालकर धीमी आंच पर उबलने दें।
14. ग्रेवी के गाढ़ा हो जाने पर दरदरी पिसी हरी इलायची डालें।
15. आंच से उतारते समय मलाई डालकर हलका उबाल आते ही नीचे उतार लें।

पनीर पसंदा

(6 व्यक्तियों के लिए)

सामग्री:

भरावन

- *पनीर* : *300 ग्राम*
- *मखाने तले हुए व पिसे हुए* : *15-20*
- *काजू बारीक कटे हुए* : *15*
- *किशमिश* : *10-12*
- *नमक* : *1 चम्मच*
- *लाल मिर्च* : *1/4 चम्मच*
- *गरम मसाला* : *चुटकी-भर*
- *हरा धनिया कटा हुआ*
- *धनिया पाउडर* : *1/4 चम्मच*

घोल

- *मैदा* : *1/2 कप*
- *नमक* : *स्वादानुसार*
- *लाल मिर्च* : *चुटकी-भर*
- *दूध* : *एक कप*
- *नारंगी रंग* : *एक चुटकी*

ग्रेवी

- *टमाटर प्यूरी* : *1 पैकेट*
- *प्याज बारीक कटे हुए* : *2 बड़े*
- *बारीक कटी अदरक अथवा अदरक पेस्ट* : *1 चम्मच*
- *खोया मसला हुआ (गाढ़ा दूध भी प्रयोग किया जा सकता है)* : *50 ग्राम*
- *नमक* : *एक छोटा चम्मच*
- *लाल मिर्च* : *1/2 चम्मच*
- *हलदी* : *1/2 चम्मच*
- *गरम मसाला* : *1/2 चम्मच*
- *तेल* : *3 बड़े चम्मच*
- *धनिया पाउडर* : *1 चम्मच*

विधि:

1. पनीर के 2 इंच लम्बे, 2 इंच चौड़े व 1/4 इंच मोटे टुकड़े काट लें।
2. भरावन की सामग्री को भली प्रकार एक बर्तन में मिला लें। इसमें किनारे के पनीर के टुकड़े भी मसल लें।
3. पनीर का एक टुकड़ा लेकर इस पर भरावन की थोड़ी-सी सामग्री रखकर पनीर का दूसरा टुकड़ा उसके ऊपर रखें।
4. दोनों टुकड़ों को अच्छी तरह जोड़कर बीच से तिरछा काट दें।
5. इसी प्रकार सारे पनीर के तिकोने टुकड़े तैयार करके प्लेट में रख लें।
6. मैदा में रंग, नमक, मिर्च मिलाकर दूध से गाढ़ा घोल तैयार करें।
7. पनीर के तिकोने टुकड़े मैदा के घोल में डुबोकर तल लें।

ग्रेवी:

1. तेल में प्याज और अदरक को भली प्रकार भूनें। चाहें तो लहसुन भी डाल सकती हैं।
2. प्याज गुलाबी हो जाने पर टमाटर प्यूरी डालें।
3. चम्मच से चलाते हुए नमक, लाल मिर्च, हलदी, गरम मसाला व धनिया पाउडर डालें।
4. जब मिश्रण से तेल अलग होने लगे, तो मसला हुआ खोया डालकर अच्छी तरह भूनें।
5. 3-4 मिनट में भुन जाने पर दो कप पानी डाल कर उबालें।
6. अब इसमें तले हुए पनीर के टुकड़े डाल दें।
7. तरी को गाढ़ा होने तक उबालें। थोड़ी देर में तला हुआ पनीर फूल जाएगा।
8. बड़े बाउल या कांच के डोंगे में सावधानी से पनीर पसंदा उतारें और हरा धनिया डालकर दूसरों को परोसें व स्वयं भी आनन्द लें।

पनीर दिलबहार, मटर के साथ

(4 व्यक्तियों के लिए)

सामग्रीः

- *पनीर (दो इंच लंबे, आधा इंच चौड़े, आधा इंच मोटे टुकड़ों में कटी हुई): 250 ग्राम*
- *हरी मटर के दाने : 250 ग्राम*
- *टमाटर प्यूरी : 100 ग्राम*
- *प्याज बारीक कटी हुई : 100 ग्राम*
- *केसर के धागे दूध में डूबे हुए : 6-7*
- *आटा दूध में घोला हुआ : 2 चम्मच*
- *बादाम भीगे व छिले हुए : 15-20*
- *हरी मिर्च लंबाई में कटी हुई : 2-3*
- *नमक : स्वादानुसार*
- *लाल मिर्च : 1/2 चम्मच*
- *गरम मसाला : 1/2 चम्मच*
- *अदरक लहसुन का पेस्ट : 1 चम्मच*
- *हरा धनिया बारीक कटा हुआ : 1 गुच्छी*
- *काजू टुकड़े : 20-25*
- *दूध : 1/2 कप*

विधिः

1. सबसे पहले पनीर के टुकड़े गुलाबी होने तक तलें और अलग रख दें।
2. कुकर में तेल डालकर प्याज को गुलाबी होने तक भूनें।
3. अदरक लहसुन का पेस्ट मिलाकर भूनें।
4. नमक, मिर्च, गरम मसाला मिलाएं।
5. टमाटर प्यूरी डालकर तेल अलग होने तक भूनें।
6. मटर के दाने डालकर मटर गलने तक सीटी दें।
7. 10 मिनट बाद कुकर खोलकर गैस पर धीमी आंच पर रखें।
8. आटे के दूध में बने घोल में दूध में घुला केसर मिला दें।
9. काजू को दूध के साथ बारीक पीसें और आटे के घोल में मिलाएं।
10. अब इस घोल को मटर की सब्जी में मिलाएं और लगातार चलाती रहें, जब तक मिश्रण घुल नहीं जाता और ठीक से उबाल नहीं आ जाता, अन्यथा रोड़ी बन जाएगी।
11. 2-3 मिनट उबल जाने पर इसमें पनीर डालकर उबालें।
12. परोसते समय ऊपर से कटी हरी मिर्च, हरा धनिया व कटे बादाम डालकर सजाएं।

—— पत्ता गोभी पनीर के सूखे कोफ़्ते ——

(4 व्यक्तियों के लिए)

सामग्रीः

- *पत्ता गोभी : आधा किलो*
- *आलू बड़े आकार के उबले हुए : 2*
- *पनीर बारीक कसा हुआ : 150 ग्राम*
- *मैदा : 4 बड़े चम्मच*
- *नमक : स्वादानुसार*
- *गरम मसाला : आधा चम्मच*
- *हरी मिर्च बारीक कटी हुई : 1*
- *हरा धनिया बारीक कटा हुआ : एक गुच्छी*
- *तेल : तलने के लिए*
- *मलाई : 1 कप*
- *चीज़ कद्दूकस किया हुआ : 1 कप*
- *टमाटर का रस : 2 कप*
- *मक्खन : 2 बड़े चम्मच*
- *स्लाइस ब्रेड : 2-3*
- *प्याज़ बड़े चौकोर टुकड़ों में कटी हुई : 1 बड़ी*

विधिः

1. पत्ता गोभी को बारीक काटकर उबलते पानी में डालकर ढक दें और गैस बंद कर दें।
2. 5-7 मिनट बाद पत्ता गोभी को निकालकर उबले आलू, पनीर, नमक, गरम मसाला, हरी मिर्च व हरा धनिया मिलाकर अच्छी तरह मथ लें।
3. 3 चम्मच मैदा में पानी मिलाकर गाढ़ा घोल तैयार करें। उसमें चुटकी-भर नमक भी डाल दें।
4. पत्ता गोभी पनीर मिश्रण की छोटी-छोटी गोलियां बनाएं।
5. तेल को कड़ाही में गरम करें।
6. मिश्रण की गोलियों को मैदा के मिश्रण में डुबोकर गुलाबी तलें।
7. खुले फ्राइंग पैन में मक्खन गरम करें और उसमें चौकोर टुकड़ों में कटी प्याज को हलका गुलाबी भूनें।
8. इसमें मलाई को डालकर अच्छी तरह चलाएं। कुछ ही देर में मलाई से घी छूटने लगेगा।
9. एक बड़ा चम्मच मैदा डालकर भली प्रकार चलाएं। मैदा भुन कर गुलाबी हो जाने पर टमाटर का रस, नमक व गरम मसाला डाल दें।
10. थोड़ी देर उबलने दें, फिर इसमें कद्दूकस किया हुआ चीज़ मिला दें। यह मिश्रण कुछ ही मिनट में गाढ़ा हो जाएगा।
11. ब्रेड स्लाइस को तेल में करारा तल लें।
12. परोसने के समय फैली हुई सर्विंग डिश में पहले करारी ब्रेड रखें, उसके ऊपर तले हुए कोफ्ते रखें।
13. अंत में गरम की हुई गाढ़ी तरी उसके ऊपर इस प्रकार डालें कि कोफ्ते तरी सोख लें।

मजेदार सूखे कोफ़्तों का आनन्द लें।

पनीर के साथ दाल-ढोकली

(4 व्यक्तियों के लिए)

सामग्रीः

- *पनीर : 100 ग्राम*
- *धुली मसूर की दाल : 150 ग्राम*
- *पालक : 50 ग्राम*
- *मैदा : 100 ग्राम*
- *इमली का गूदा : आधा कप*
- *नमक : आधा चम्मच*
- *लाल मिर्च : आधा चम्मच*
- *जीरा : आधा चम्मच*
- *हलदी : आधा चम्मच*
- *धनिया पाउडर : आधा चम्मच*
- *गरम मसाला : आधा चम्मच*
- *हींग : एक चुटकी*
- *तेल तलने के लिए : 8 बड़े चम्मच*
- *चीनी : 1 चम्मच*
- *नीबू : 1*
- *टमाटर टुकड़े किए हुए : 2 बड़े*

विधिः

1. पालक को बारीक काट लें।
2. दाल धोकर दाल में आधा चम्मच नमक व 1/4 चम्मच हलदी डाल दें।
3. दाल में पालक डालकर कुकर में पकाएं।
4. 100 ग्राम (लगभग 1 कप) आटा या मैदा लेकर 2 बड़े चम्मच मिलाएं।
5. इसमें नमक, मिर्च मिलाकर पूरी की भांति सख्त आटा गूंधें।
6. इस आटे की 3-4 सामान्य आकार की लोई लेकर पतली रोटी बेलें।
7. एक रोटी को चार टुकड़ों में काटकर पनीर में हलका मसाला मिलाकर छोटी-छोटी ढोकली बनाकर रख लें।
8. एक फ्राइंग पैन लेकर उसमें हींग, जीरा 2 चम्मच तेल में भूनें।
9. धीमी आंच पर लाल मिर्च, हलदी, धनिया पाउडर, नमक व गरम मसाला तेल में डालें।
10. जरा-सा भुनते ही टमाटर के टुकड़े डाल दें। टमाटरों को 2-3 मिनट भुनने दें।
11. दो कप पानी डालकर उबालें।
12. उबलते पानी में तैयार ढोकलियां छोड़ दें। 15-20 मिनट में ढोकलियां पक जाएंगी।
13. अब इन तैयार ढोंकलों को गाढ़ी तरी सहित दाल में मिला दें।

भरवां टमाटर (अंडे के साथ)

(3 व्यक्तियों के लिए)

सामग्री:

- *टमाटर लाल सख़्त* : 6 *बड़े*
- *मटर के दाने हलके उबले हुए* : *1 कप*
- *मसला हुआ पनीर* : *आधा कप*
- *प्याज बारीक कटी हुई* : *एक*
- *नमक* : *आधा चम्मच*
- *गरम मसाला* : *आधा चम्मच*
- *मैदा* : *1 बड़ा चम्मच*
- *चीज़ कद्दूकस किया हुआ* : *आधा कप*
- *दूध* : *आधा कप*
- *काली मिर्च* : *1/4 चम्मच*
- *अंडा* : *1*
- *मक्खन* : *1 चम्मच*
- *तेल* : *2 चम्मच*

विधि:

1. टमाटर धोकर तेज चाकू से ऊपर का सिरा काट दें।
2. स्कूपर अथवा चाकू की सहायता से टमाटरों का भीतरी गूदा निकाल दें।
3. अंदर चुटकी से नमक लगा दें व टमाटरों को उलटा करके रखें ताकि अतिरिक्त पानी निकल जाए।
4. उबले मटर, मसला हुआ पनीर व बारीक कटे प्याज को मिलाएं।
5. नमक, गरम मसाला मिलाकर मिश्रण को अच्छी तरह मथ लें।
6. टमाटरों के भीतर आधा चम्मच तेल डालकर मिश्रण को अच्छी तरह भरें।
7. एक बड़े फ्राइंग पैन में मक्खन गरम करके मैदा डालें और चम्मच से भूनें।
8. मैदा गुलाबी होने पर दूध डाल दें। लगातार चलाती रहें, जिससे सफेद सॉस तैयार हो जाएगी।
9. इसमें नमक, काली मिर्च व कसा हुआ चीज़ डालकर उबालें।
10. अंडे को फेंटकर इसे सॉस में मिलाएं।
11. अब एक नॉन स्टिक पैन लेकर एक चम्मच तेल डालें।
12. उसमें भरे टमाटर रखकर ऊपर से सफेद सॉस डाल दें। बर्तन को धीमी आंच पर रखकर, ढक कर पकाएं।
13. कुछ देर में सॉस टमाटरों पर बैठ जाएगी और टमाटर गल जाएंगे।
14. इन तैयार भरवां टमाटर को ठंडा अथवा गरम खाएं।

भरवां टमाटर (बिना अंडे के)

(4 व्यक्तियों के लिए)

सामग्रीः

- *टमाटर सख्त लाल : 4 बड़े*
- *पनीर मसला हुआ : 200 ग्राम*
- *मटर के दाने उबले हुए : आधा कप*
- *ब्रेड क्रम्बस (ब्रेड का चूरा) : 2 बड़े चम्मच*
- *प्याज बारीक कटी हुई : 1 बड़ी*
- *नमक : स्वादानुसार*
- *लाल मिर्च : 1/4 चम्मच*
- *चाट मसाला : आधा चम्मच*
- *तेल : 3 बड़े चम्मच*
- *हरी मिर्च कटी हुई : एक*

विधिः

1. टमाटर का ऊपरी भाग चाकू से काटें।
2. स्कूपर अथवा चाकू से गूदा निकाल दें।
3. अंदर की ओर नमक लगाकर उलटा रख दें, ताकि अंदर का पानी निकल जाए।
4. तेल गरम करके प्याज को भूनें।
5. भुन जाने पर उसमें टमाटर का गूदा और कटी हुई हरी मिर्च मिला दें।
6. धीमी आंच करके इसमें मसला हुआ पनीर, चाट मसाला, थोड़ा नमक व लाल मिर्च मिला दें।
7. अच्छी तरह पलटकर गैस से उतार लें और मिश्रण को ठंडा करें।
8. इस मिश्रण को टमाटरों के भीतर भरकर ऊपरी भाग पर ब्रेड क्रम्बस लगा दें।
9. बड़े फैले फ्राइंग पैन अथवा कड़ाही में दो बड़े चम्मच तेल डालकर टमाटर रख दें और आंच धीमी करके ढक दें।
10. थोड़ी ही देर में भरे हुए टमाटर नरम हो जाएंगे।
11. आप कड़ाही में बनाने के स्थान पर भरे हुए टमाटर ओवन में 180 डिग्री पर 10 मिनट पका सकती हैं।
12. परोसते समय ऊपर से उबले हुए मटर व धनिये की पत्ती सजाकर प्रस्तुत करें।

मक्खनी पनीर

(4 व्यक्तियों के लिए)

सामग्रीः

- *पनीर (1 इंच के चौकोर टुकड़ों में कटा हुआ) : 250 ग्राम*
- *टमाटर प्यूरी*
- *मक्खन : 200 ग्राम एक पैकेट या 4 बड़े चम्मच*
- *तेल : 4 बड़े चम्मच*
- *नमक : 1 छोटा चम्मच*
- *चीनी : 1 छोटा चम्मच*
- *लाल मिर्च : आधा चम्मच*
- *गरम मसाला : चौथाई चम्मच*
- *अदरक पिसा या बारीक कटा हुआ : 10 ग्राम*
- *लौंग पिसी हुई : 4*
- *इलायची के दाने पिसे हुए : 1 बड़ी*
- *क्रीम : आधा कप*
- *जीरा : आधा चम्मच*
- *कटा हुआ हरा धनिया : 1/2 कप*

विधिः

1. मक्खन गरम करके जीरा गुलाबी करें।
2. इसमें पूरा पैकेट टमाटर प्यूरी डालकर भूनें। फिर इसमें अदरक, लाल मिर्च, नमक, गरम मसाला, पिसी लौंग व पिसे इलायची के दाने मिला दें।
3. मसाले भुन जाने पर एक चम्मच चीनी डाल दें।
4. आधी क्रीम मिलाकर भली प्रकार चलाएं। क्रीम के स्थान पर फेंटी हुई मलाई भी प्रयोग की जा सकती है।
5. डेढ़ कप पानी मिलाकर उबालें।
6. आंच बंद कर दें।
7. परोसते समय तैयार ग्रेवी को गरम करके कटे हुए पनीर के टुकड़ों में मिला दें तथा ऊपर से क्रीम चम्मच से फैला दें।
8. सजावट के लिए ऊपर से कटा धनिया डालें।

भरवां दिल बहार कोफ़्ते

(6 व्यक्तियों के लिए)

सामग्रीः

कोफ़्ते

- *मसला हुआ पनीर* : *400 ग्राम*
- *मैदा* : *चौथाई कप (3 बड़े चम्मच)*
- *तेल* : *तलने के लिए*
- *नमक* : *आधा चम्मच*

भरावन

- *खोया* : *चौथाई कप*
- *प्रोसेस्ट चीज़* : *आधा कप*
- *पनीर* : *1 कप*
- *काजू टुकड़ों में कटे हुए* : *20-25*
- *किशमिश* : *20-25*
- *दूध में डूबे केसर धागे* : *4-5*
- *अदरक पेस्ट* : *1 चम्मच*
- *गरम मसाला* : *आधा चम्मच*
- *जीरा* : *1 चम्मच*
- *नमक* : *स्वादानुसार*
- *हरा धनिया बारीक कटा हुआ* : *2 बड़े चम्मच*

ग्रेवी

- *टमाटर प्यूरी* : *2 पैकेट या 500 ग्राम अथवा टमाटर*
- *काजू पिसे हुए* : *25 ग्राम*
- *लौंग* : *3*
- *इलायची* : *दो मोटी*
- *दालचीनी* : *एक छोटा टुकड़ा*
- *तेजपात* : *2-3*
- *नमक* : *स्वादानुसार*
- *धनिया पाउडर* : *1 चम्मच*
- *कश्मीरी लाल मिर्च* : *1 छोटा चम्मच*
- *जावित्री पाउडर* : *चुटकी-भर*
- *देशी घी* : *3 चम्मच*
- *अदरक पेस्ट* : *1 चम्मच*

विधिः

कोफ़्तेः

1. पनीर और मैदा को अच्छी तरह मसलकर एकसार कर लें।
2. आधा चम्मच नमक डालकर अच्छी तरह मिलाएं।
3. छोटी-छोटी गोल लोइयां बना लें।

भरावनः

1. चीज़, पनीर व खोया को अच्छी तरह हाथों से मसलकर एकसार कर लें।
2. दूध में भीगे केसर को चम्मच से कुचल लें और दूध में 15 मिनट भिगोने के बाद पीसें।

3. कटा धनिया, अदरक व केसर का पेस्ट पनीर मिश्रण में मिलाएं।
4. बाकी मसाले, काजू, किशमिश को भी मिश्रण में डालकर भली प्रकार मिला लें।
5. अब भरावन के मिश्रण के गोले बनाएं।
6. पनीर मिश्रण को गोल लोई लेकर हाथ में चपटा करें, बीच में भरावन के गोले को भरकर अंडाकार बनाएं। कड़ाही में तेल गरम करके सुनहारा होने तक डीप फ्राई करें।

ग्रेवीः

1. धनिया पाउडर व देगी कश्मीरी मिर्च को आधा कटोरी पानी में भिगो दें।
2. फ्राइंग पैन में तेल गरम करके लौंग, छोटी इलायची, तेजपात, दालचीनी को डालें।
3. 1 मिनट में ही ये मसाले रंग बदलने लगेंगे। तब पानी में भीगे हुए मिर्च व धनिया पाउडर डालकर भूनें।
4. पानी सूख जाने पर काजू का पेस्ट डालकर तेल अलग होने तक भूनें।
5. टमाटर प्यूरी डालें और अच्छी तरह भूनें। टमाटर प्यूरी न होने पर टमाटर को मिक्सी में पीसकर तब तक भूनें जब तक कि तेल अलग न हो।
6. यदि पिसे टमाटर डालकर ग्रेवी तैयार की हो, तो छलनी से उसे छान लें, ताकि तरी एकदम चिकनी हो।
7. ग्रेवी में दो कप पानी डालकर उबालें। उबाल आने पर आंच धीमी कर दें। 5 मिनट बाद गैस बन्द कर दें।
8. परोसते समय प्लेट में पहले कोफ़्ते डालें, फिर गरम ग्रेवी डालें। सजावट व स्वाद के लिए ऊपर से दालचीनी व छोटी इलायची का पाउडर डाला जा सकता है। थोड़ी-सी क्रीम भी ऊपर से डाल सकती हैं।

केसरी पनीर

(6 व्यक्तियों के लिए)

सामग्री:

• *पनीर (बर्फ़ी या पान आकार में कटी हुई)*	*: 500 ग्राम*	• *क्रीम*	*: 2 बड़े चम्मच*
• *प्याज पिसी हुई*	*: एक बड़ी*	• *केसर दूध में भीगी हुई व पिसी हुई*	*: 1 चम्मच*
• *काजू पिसे हुए*	*: दो चम्मच*	• *नमक*	*: स्वादानुसार*
• *दही*	*: एक कप*	• *हलदी*	*: आधा चम्मच*
• *तेल/घी*	*: 4 बड़े चम्मच*	• *छोटी इलायची पिसी हुई*	*: 1/2 चम्मच*
• *छोटी इलायची*	*: 5-6*	• *जायफल पाउडर*	*: 1/2 चम्मच*
• *लौंग*	*: 2*	• *दालचीनी पाउडर*	*: 1/2 चम्मच*
• *दालचीनी*	*: छोटा टुकड़ा*		

विधि:

1. पनीर को आधा इंच मोटे बर्फी या पान आकार के टुकड़ों में काट लें।
2. पिसी प्याज को तेल में गुलाबी होने तक भूनें।
3. प्याज ठंडी होने पर दही-काजू पेस्ट, धनिया, मिर्च व हलदी मिला मिश्रण तैयार करें।
4. फ्राइंग पैन में साबुत दो लौंग, इलायची व दालचीनी को तेल में भूनें।
5. धीमी आंच पर भूनने पर कुछ ही मिनट में मसाले गुलाबी हो जाएंगे।
6. दही, प्याज का मिश्रण डालकर थोड़ी देर भूनें। तेल अलग होने लगेगा।
7. इस ग्रेवी को छलनी से छान लें और पुनः उबालें।
8. धीमी आंच पर ग्रेवी को गाढ़ा होने दें।
9. ग्रेवी गाढ़ी होने पर पिसी इलायची, दालचीनी व जायफल का पाउडर डाल दें।
10. धीमी आंच पर ही केसर पेस्ट व क्रीम डालें। उबाल आने पर आंच से उतार लें।
11. परोसते समय ग्रेवी को हलका गरम करके ऊपर से पनीर के टुकड़े मिला दें।

मक्का पनीर

(6 व्यक्तियों के लिए)

सामग्रीः

• *मक्का के सूखे दाने*	: *250 ग्राम*	• *गरम मसाला*	: *चौथाई चम्मच*
• *आलू उबले व बारीक टुकड़ों में कटे हुए*	: *2*	• *धनिया पाउडर*	: *1 बड़ा चम्मच*
• *पनीर (आधा मसला हुआ व आधा चौकोर टुकड़ों में कटा हुआ)*	: *100 ग्राम*	• *हरी मिर्च बारीक कटी हुई*	: *1*
• *प्याज बारीक कटी हुई*	: *1 बड़ी*	• *अदरक बारीक कटा हुआ*	: *1 चम्मच*
• *नमक*	: *1 छोटा चम्मच*	• *जीरा*	: *आधा चम्मच*
• *मिर्च*	: *आधा चम्मच*	• *हींग*	: *चुटकी-भर*
		• *हरा धनिया बारीक कटा हुआ*	: *2 बड़े चम्मच*
		• *तेल*	: *दो बड़े चम्मच*
		• *सोडा*	: *आधा चम्मच*

विधिः

1. मक्का के दाने रात को सोडा मिले पानी में भिगो दें।
2. सुबह को मक्का के दाने उबाल लें। जिन दिनों भुट्टे का मौसम हो, उन दिनों हरे भुट्टे के दाने पकाए जा सकते हैं।
3. मक्का के दाने उबालने के लिए 3-4 सीटी बजने दें, फिर 5 मिनट धीमी आंच पर कुकर रखा रहने दें।
4. मक्का के दाने उबल जाने पर अलग रख दें।
5. तेल गरम करके हींग जीरे का छौंक बनाएं।
6. इसमें पनीर (मसला हुआ) व आलू के टुकड़े भून लें।
7. इसमें मिर्च, धनिया पाउडर, गरम मसाला व नमक डालकर हलका-सा भूनें।
8. उबली हुई मक्का को इसमें छोड़ दें।
9. हरी मिर्च, अदरक डाल दें।
10. थोड़ी देर धीमी आंच पर पकने दें।
11. परोसते समय पनीर के टुकड़े व हरा धनिया सजाकर प्रस्तुत करें।

मशरूम पनीर

(4 व्यक्तियों के लिए)

सामग्री:

- *पनीर 2 इंच लंबे टुकड़ों में कटा हुआ : 250 ग्राम*
- *मशरूम : 500 ग्राम*
- *मध्यम आकार के टमाटर पिसे हुए : 2-3*
- *नमक : स्वादानुसार*
- *मिर्च : चौथाई चम्मच*
- *गरम मसाला : आधा चम्मच*
- *घी/तेल : 2 बड़े चम्मच*
- *प्याज बारीक कटी हुई : 1 बड़ी*
- *हलदी : 1/2 चम्मच*
- *हरा धनिया कटा हुआ : एक गुच्छी*

विधि:

1. मशरूम को धोकर 2 इंच लंबे टुकड़ों में काट लें।
2. घी में प्याज को गुलाबी करें।
3. अब इसमें पिसे टमाटर डालकर घी से अलग होने तक भूनें।
4. नमक, मिर्च, हलदी डालकर भुनें।
5. एक कप पानी डालकर उबालें।
6. इसमें कटे मशरूम और पनीर के टुकड़े डाल दें।
7. धीमी आंच पर तब तक पकने दें, जब तक कि मशरूम गल न जाए और पानी सूख न जाए।

टमाटर पनीर

बिना घी/तेल कम कैलोरी वाला

(4 व्यक्तियों के लिए)

सामग्री:

- *चिकनाई रहित दूध से बना पनीर : 250 ग्राम*
- *टमाटर प्यूरी एक पैकेट अथवा टमाटर : 250 ग्राम*
- *पिसे हुए प्याज : 2 बड़े*
- *अदरक व लहसुन पेस्ट : 1 चम्मच*
- *नमक : स्वादानुसार*
- *लाल मिर्च पाउडर : आधा चम्मच*
- *हलदी : चौथाई चम्मच*
- *धनिया पाउडर : 1 चम्मच*
- *हरी मिर्च बहुत बारीक कटी हुई : 1 अदद*
- *हरा धनिया कटा हुआ : आधा कप*

विधि:

1. नमक, मिर्च, हलदी, धनिया पाउडर को आधा कटोरी पानी में 10 मिनट पहले भिगो दें।
2. कड़ाही को गैस पर रखें। गरम हो जाने पर प्याज, लहसुन, अदरक पेस्ट डालें।
3. थोड़ी देर चम्मच से चलाती रहें, ताकि सबका गीलापन सूख जाए।
4. अब पानी में भीगे मसाले डालकर चम्मच से मसाले भुनने तक चलाएं।
5. टमाटर प्यूरी डालें और 5-7 मिनट पकाएं।
6. एक से डेढ़ कप पानी डालकर ग्रेवी को उबालें।
7. हरी मिर्च डालकर धीमी आंच पर उबलने दें।
8. पनीर के चौकोर टुकड़े काटकर रख लें।
9. परोसते समय गाढ़ी ग्रेवी में पनीर डालें व हरे धनिये से सजाएं।

मसाला पनीर

(4 व्यक्तियों के लिए)

सामग्री:

- *पनीर 2 x 1 इंच आकार में कटा हुआ : 300 ग्राम*
- *प्याज बारीक कटी हुई (मध्यम आकार) की : 2*
- *नमक : स्वादानुसार*
- *गरम मसाला : चौथाई चम्मच*
- *धनिया पाउडर : 1 चम्मच*
- *तेल : 2 बड़े चम्मच*
- *अदरक पेस्ट : 1 चम्मच*
- *हरी मिर्च बारीक कटी हुई : 1*
- *अजवायन : 1 चम्मच*

विधि:

1. तेल गरम करके अजवायन का छौंक बनाएं।
2. प्याज को तेल में डालकर भूनें।
3. अदरक पेस्ट डालकर चलाएं।
4. दही डालकर चलाते हुए उबाल आने दें।
5. नमक, हरी मिर्च, गरम मसाला भी डाल दें।
6. पनीर डालकर उलट-पलट करें।
7. अच्छी तरह उबाल आने पर उतार लें।

सीताफल के छिलके-पनीर

(आवश्यकतानुसार व्यक्तियों के लिए)

सामग्री:

- *पनीर : 150 ग्राम*
- *हल्दी : आधा चम्मच*
- *लाल मिर्च : आधा चम्मच*
- *अमचूर : चौथाई चम्मच*
- *मेथी के दाने : आधा चम्मच*
- *हींग : मूंगदाना समान*
- *सौंफ : आधा चम्मच*
- *बड़ी इलायची : 1*
- *धनिया : 1 चम्मच*
- *हरा धनिया : 10 ग्राम*
- *काला नमक : चुटकी भर*
- *घी या तेल : 25 ग्राम*
- *कसा नारियल : 2 चम्मच*
- *सीताफल के छिलके : 150 ग्राम*
- *नमक : स्वादानुसार*

विधि:

1. पनीर को छोटे-छोटे टुकड़ों में काटकर घी या तेल में लाल कर लें।
2. कड़ाही में मेथी के दाने और हींग डालकर छौंक तैयार करें।
3. उसी कड़ाही में भूनकर छिलके तैयार करें।
4. अंत में पनीर के टुकड़े डालकर कसा नारियल, सूखा धनिया और हरा धनिया उन पर बुरकें।
5. कम से कम 5 मिनट तक अच्छी तरह चलाकर ढकें।
6. समय पर इसे उतार लें।
7. तैयार होने पर परोसें और छिलका पनीर का स्वाद लें।

पनीर कोरमा

(6 व्यक्तियों के लिए)

सामग्री:

- *पनीर मसला हुआ : 300 ग्राम*
- *मटर के दाने : एक कप*
- *गाजर बारीक चौकोर टुकड़ों में कटी हुई : 2-3*
- *फ्रेंच बीन्स छोटे तिरछे टुकड़ों में कटी हुई : 50 ग्राम*
- *प्याज बारीक कटी हुई : 2 बड़ी*
- *दही फेंटी हुई : आधा कप*
- *देशी घी : 3 बड़े चम्मच*
- *कसा हुआ नारियल: 2 बड़े चम्मच*
- *नमक : स्वादानुसार*
- *लाल मिर्च : आधा चम्मच*
- *हलदी : आधा छोटा चम्मच*
- *धनिया पाउडर : 1 चम्मच*
- *खशखश पाउडर : 1 चम्मच*
- *जीरा : 1 चम्मच*
- *हरा धनिया : सजाने के लिए*

विधि:

1. तेल को गरम करके जीरा भूनें
2. प्याज डालकर भुनें।
3. इसमें नारियल बुरादा डालकर भूनें।
4. धनिया पाउडर, लाल मिर्च, खशखश पाउडर मिलाकर चलाएं। तेल कम लगे तो थोड़ा और डाल दें।
5. नमक व कटी सब्जियां–गाजर, फ्रेंच बीन्स व मटर डालकर धीमी आंच पर चलाती रहें ताकि थोड़ी गल जाएं।
6. धीमी आंच पर कुछ देर ढक देने से भी सब्जियां गल जाएंगी, पर ध्यान रखें कि वे किनारों पर जलने न लगें।
7. दही डालकर चलाएं, कुछ देर में दही सब्जियों में सूखने लगेगा।
8. मसला हुआ पनीर मिलाएं।
9. कुछ देर में तेल अलग होने लगेगा।
10. आंच से उतारकर हरा धनिया डालकर परोसें।
11. यदि आपको हलकी मीठी सब्जी पसंद हो तो बाजार में अनन्नास के टिन में उपलब्ध स्लाइस लेकर दो स्लाइस बारीक टुकड़ों में काट लें और परोसते समय सब्जी में मिला दें।

नवरतन करी

(8 व्यक्तियों के लिए)

सामग्री:

- *पनीर चौकोर टुकड़ों में कटा हुआ : 350 ग्राम*
- *आलू (लंबे टुकड़ों में कटा हुआ) : 1 बड़ा*
- *गाजर लम्बे टुकड़ों में कटी हुई : 2-3*
- *फूल गोभी के टुकड़े : 7-8 टुकड़े*
- *टमाटर प्यूरी : आधा पैकेट*
- *फ्रेंच बीन्स 1 इंच लंबे टुकड़े : 8-10*
- *प्याज बारीक कटी हुई या पिसी हुई : 2-3*
- *नमक : स्वादानुसार*
- *लाल मिर्च : 1 छोटा चम्मच*
- *हलदी : आधा चम्मच*
- *गरम मसाला : आधा चम्मच*
- *जीरा : एक चम्मच*
- *तेल : एक कप*
- *अमचूर पाउडर : आधा चम्मच*

विधि:

1. तेल को कड़ाही में छोड़कर पनीर को गुलाबी तल लें।
2. इसमें ही आलू व गोभी को हलका नरम होने तक तलें।
3. अब आधा कप तेल कड़ाही में रह जाने पर जीरा भूनें।
4. प्याज डालकर सुनहरा होने तक भूनें।
5. इसमें टमाटर प्यूरी डालकर तेल अलग होने तक भूनें।
6. फ्रेंच बीन्स, गाजर के टुकड़े व मटर के दाने डालकर 5-7 मिनट भूनें।
7. आलू व गोभी भी इसमें मिला दें।
8. नमक, मिर्च, हलदी, गरम मसाला डाल दें।
9. अब एक कप पानी डालकर आंच धीमी कर दें और सब्जियां ढककर पकने दें।
10. जब सब्जियां गल जाएं व पानी सूखकर तरी गाढ़ी हो जाए तो पनीर मिला दें व अमचूर पाउडर मिला दें।
11. परोसते समय एक बड़ा चम्मच देशी घी या तेल गरम करके ऊपर डाल दें।

पनीर दो प्याज़ा

(4 से 6 व्यक्तियों के लिए)

सामग्री:

- ***पनीर चौकोर टुकड़ों में कटा हुआ : 400 ग्राम***
- ***प्याज लच्छों में कटे हुए : दो बड़े***
- ***पालक के पत्ते : 100 ग्राम***
- ***हरी मेथी : 100 ग्राम***
- ***काजू : 5-6***
- ***दही : आधा कप***
- ***नमक : स्वादानुसार***
- ***लाल मिर्च : आधा चम्मच***
- ***धनिया पाउडर : एक चम्मच***
- ***जीरा पिसा हुआ : आधा चम्मच***
- ***तेल : 3 बड़े चम्मच***

विधि:

1. पालक के पत्ते तोड़कर मिक्सी में पीस लें। अलग रखें।
2. मेथी के पत्ते धोकर, पीसकर पेस्ट बनाएं। एक बर्तन में रखें।
3. प्याज व काजू को उबालकर पीसें।
4. अब कड़ाही में तेल डालकर प्याज भूनें।
5. प्याज भुन जाने पर दही भी भून लें।
6. दो बड़े चम्मच पालक का पेस्ट डालें।
7. दो बड़े चम्मच मेथी का पेस्ट डालें।
8. अच्छी तरह सामग्री को भूनें।
9. नमक, लाल मिर्च, धनिया पाउडर व पिसा जीरा डाल दें।
10. अच्छी तरह सामग्री तैयार हो जाने पर पनीर के टुकड़े व एक कप पानी डाल दें।
11. उबाल आने पर आंच से उतारकर रखें।
12. परोसते समय गरम करी में ऊपर से मक्खन डालकर परोसें।

पालक-पुदीना करी

(4 व्यक्तियों के लिए)

सामग्री:

- *बेसन : 2 बड़े चम्मच*
- *पनीर (डेढ़ इंच चौकोर टुकड़ों में कटा हुआ) : 400 ग्राम*
- *पुदीना : एक गुच्छी*
- *पालक : 100 ग्राम*
- *प्याज : 1 बड़ी*
- *काजू : 4-5*
- *नमक : स्वादानुसार*
- *लाल मिर्च : 1 छोटा चम्मच*
- *धनिया पाउडर : 1 बड़ा चम्मच*
- *जीरा पिसा : 1 छोटा चम्मच*
- *तेल : 2 बड़े चम्मच*
- *चीनी : आधा चम्मच*
- *चाट मसाला : 1 चम्मच*

विधि:

1. पुदीना के पत्ते तोड़कर ग्राइंडर में पीसें व एक बर्तन में रखें।
2. पालक के पत्ते तोड़कर ग्राइंडर में पेस्ट तैयार करें।
3. प्याज व काजू उबालकर, पानी निकालकर ग्राइंडर में पीसें।
4. प्याज-काजू के पेस्ट में दो बड़े चम्मच पुदीना पेस्ट व दो बड़े चम्मच पालक पेस्ट मिलाएं।
5. बेसन का घोल बनाएं व हलका नमक डालें।
6. पनीर के डेढ़ इंच चौकोर पतले स्लाइस लेकर दो स्लाइस के बीच चाट मसाला लगाएं।
7. इन स्लाइस को बेसन के घोल में डुबोकर तलें।
8. अब करी तैयार करें। इसके लिए फ्राइंग पैन में तेल गरम करें।
9. इसमें प्याज, काजू, पुदीना व पालक का पेस्ट डालकर भूनें।
10. नमक, लाल मिर्च, धनिया पाउडर, पिसा जीरा डाल दें।
11. उबाल आने पर चीनी भी डाल दें।
12. अंत में पनीर के टुकड़े गरम ग्रेवी में डाल दें।

शिमला मिर्च के भरवां कप

(4 व्यक्तियों के लिए)

सामग्री:

- *पनीर कसा हुआ : 150 ग्राम*
- *शिमला मिर्च (मध्यम आकार की) : 250 ग्राम*
- *कच्चा नारियल कसा हुआ : 2 बड़े चम्मच*
- *मखाने दरदरे कटे हुए : 10-12*
- *काजू टुकड़ों में कटे हुए : 8*
- *किशमिश : 10-12*
- *चिरौंजी : 1 चम्मच*
- *नमक : 1 छोटा चम्मच*
- *लाल मिर्च : आधा चम्मच*
- *गरम मसाला : चौथाई चम्मच*
- *हरी मिर्च बारीक कटी हुई : 1*
- *हरा धनिया बारीक कटा हुआ : थोड़ा-सा*
- *तेल : तलने के लिए*
- *धनिया पाउडर : 1 चम्मच*

विधि:

1. पहले भरावन की सामग्री तैयार करें। इसके लिए दो चम्मच तेल फ्राइंग पैन में गरम करें।
2. इसमें पनीर व नारियल डालकर भूनें।
3. नमक, मिर्च, गरम मसाला, धनिया पाउडर मिला दें।
4. काजू, मखाने व किशमिश चिरौंजी भी डालकर भूनें।
5. हरी मिर्च व थोड़ा-सा हरा धनिया भी डालें।
6. धीमी आंच पर थोड़ी देर भूनकर उतार लें।
7. शिमला मिर्च के बीच से दो टुकड़े करें।
8. बीच का भाग निकालकर खोखला करें और धीमी आंच पर हलका-सा तल लें।
9. शिमला मिर्च के इस कप में पनीर की भरावन सामग्री भरकर 5-7 मिनट ओवन में बेक कर लें।
10. ओवन की सुविधा न होने पर कुकर में थोड़ा तेल डालकर धीमी आंच पर ढककर कुछ देर पका लें।
11. शिमला मिर्च के भरवां कप को चाहे तो नाश्ते में आनन्द लें अथवा भोजन के समय सब्ज़ी के रूप में खाएं।

पुदीना - चटनी पनीर

(6 से 8 व्यक्तियों के लिए)

सामग्रीः

- *पनीर चौकोर टुकड़ों में कटा हुआ : 250 ग्राम*
- *टमाटर प्यूरी : 1 पैकेट*
- *पुदीना की चटनी : 1 कटोरी*
- *अदरक पेस्ट : 1 चम्मच*
- *हरी मिर्च बारीक कटी हुई : 2*
- *नमक : 1 छोटा चम्मच*
- *लाल मिर्च : आधा चम्मच*
- *गरम मसाला : चौथाई चम्मच*
- *प्याज : 1 बड़ी (इच्छानुसार)*
- *तेल : 3 बड़े चम्मच*
- *अमचूर पाउडर : थोड़ा-सा*

विधिः

1. सबसे पहले पुदीने की चटनी तैयार करें। पुदीने की पत्तियां धोकर पीस लें।
2. इसमें नमक, मिर्च व अमचूर पाउडर डाल दें। चटनी तैयार हो जाएगी।
3. पनीर के चौकोर टुकड़े लेकर कुछ देर चटनी में रखें।
4. फिर 5-10 मिनट बाद निकालकर ओवन में 10 मिनट 180 डिग्री पर बेक करें।
5. इस बीच तरी तैयार कर लें। इसके लिए तेल डालकर प्याज भूनें। यदि प्याज न डालना चाहें तो टमाटर प्यूरी डालें।
6. टमाटर प्यूरी अच्छी तरह भुन जाने पर अदरक पेस्ट व हरी मिर्च डालें।
7. नमक, लाल मिर्च व गरम मसाला डालें।
8. तरी तैयार हो जाने पर एक कटोरी पानी डालकर उबालें।
9. बेक किया हुआ पनीर डालकर परोसें।
10. सजावट के लिए ऊपर से हरा धनिया डाल दें।

पनीर मज़ा

(4 व्यक्तियों के लिए)

सामग्री:

• पनीर के चौकोर छोटे टुकड़े	: 200 ग्राम
• आलू-उबले व मसले हुए	: 2 बड़े
• मटर के दाने दरदरे पिसे हुए	: 1 कप
• गाजर कसी हुई	: 1 बड़ी
• प्याज कटी हुई	: 1 बड़ा
• लहसुन पेस्ट	: आधा चम्मच
• अदरक बारीक कटा हुआ	: 1 चम्मच
• नमक	: 1 छोटा चम्मच (स्वादानुसार)
• काली मिर्च	: आधा चम्मच
• चीनी	: 1 चम्मच
• हरा धनिया बारीक कटा हुआ	: 2 बड़े चम्मच
• दूध	: 1 कप
• तेल	: 2 बड़े चम्मच

विधि:

1. तेल में प्याज को गुलाबी करें।
2. अदरक व लहसुन का पेस्ट डालकर भूनें।
3. इसमें दरदरी पिसी मटर डालकर भूनें।
4. मटर, गाजर व आलू मिला दें।
5. एक कप दूध डालकर उबालें।
6. नमक, काली मिर्च भी डाल दें।
7. उबाल आ जाने पर पनीर के टुकड़े मिला दें।

पनीर पुदीना कोफ़्ते

(4 व्यक्तियों के लिए)

सामग्री:

• *पनीर कसा हुआ*	*: 200 ग्राम*	• *नमक*	*: इच्छानुसार*
• *आलू उबले हुए*	*: 4 बड़े*	• *लाल*	
• *मटर के दाने*		• *मिर्च*	*: आधा चम्मच*
उबले हुए	*: 1 कप*	• *गरम मसाला*	*: 1/4 चम्मच*
• *गोभी उबली हुई*	*: 1 कप*	• *हल्दी*	*: आधा चम्मच*
• *काजू दरदरे*		• *धनिया*	*: 1 बड़ा चम्मच*
पिसे हुए	*: 15*	• *हरी मिर्च बारीक*	
• *कार्नफ्लोर*	*: 1 चम्मच*	*कटी हुई*	*: 2*
• *किशमिश*	*: 10-12*	• *छोटी इलायची*	*: 10-12*
• *टमाटर*	*: 1 बड़ा*	• *तलने के लिए*	
• *पालक*	*: 150 ग्राम*	• *तेल*	*: 2 बड़े चम्मच*
• *पुदीना*	*: 50 ग्राम*	• *हींग*	*: 1 चुटकी*
• *क्रीम*	*: आधा कप*	• *जीरा*	*: 1 चम्मच*

विधि:

1. मसले हुए आलू, मटर व गोभी मिला लें। आप चाहें तो कोई भी उपलब्ध सब्जी उबालकर मिला सकती हैं, आलू इतने ही रहने चाहिए। मटर, गोभी का मौसम न होने पर केवल आलू से अथवा साथ में किसी भी उपलब्ध सब्जी से काम चलाया जा सकता है।
2. इसमें पनीर, कार्नफ्लोर व दरदरे पिसे काजू मिला लें।
3. इस मिश्रण की छोटी गोलियां बनाकर इसके बीच 1-2 किशमिश भरते हुए कोफ़्ते का आकार दें।
4. इन कोफ़्तों को मध्यम आंच पर गुलाबी तल लें।
5. पालक व पुदीना अच्छी तरह धोकर उबालें व मिक्सी में पीस लें।
6. दो बड़े चम्मच तेल गरम करके उसमें हींग व जीरे का बघार तैयार करें।
7. इसमें क्रीम डालकर अच्छी तरह चलाएं।
8. अब इसमें पालक पुदीना मिश्रण डालें।
9. नमक, लाल मिर्च, गरम मसाला, हलदी, धनिया, इलायची व हरी मिर्च डाल दें।
10. अच्छी तरह पकने दें। इसमें तैयार कोफ़्ते डाल दें।
11. सर्विंग डिश में डालकर ऊपर से लंबी फांकों में कटा टमाटर व थोड़ा-सा पनीर सजाकर प्रस्तुत करें।

चावल पुलाव

टमाटरी नवरतन पुलाव

(4 व्यक्तियों के लिए)

सामग्रीः

- *बासमती चावल : 300 ग्राम*
- *पनीर : 350 ग्राम*
- *टमाटर : 250 ग्राम*
- *मटर के दाने : 200 ग्राम*
- *फूलगोभी कटी हुई : 1 कप*
- *आलू लंबे व पतले टुकड़ों में कटा हुआ : 1 बड़ा*
- *काजू : 50 ग्राम*
- *बादाम : 50 ग्राम*
- *किशमिश : 20-25*
- *क्रीम : 1 कप*
- *नमक : स्वादानुसार*
- *लाल मिर्च : आधा चम्मच*
- *गरम मसाला : आधा चम्मच*
- *प्याज लच्छी में कटी हुई : 1 बड़ी*
- *केसर आधा कप दूध में भीगा हुआ : 3-4 धागे*
- *घी/तेल : 4 बड़े चम्मच*
- *लौंग : 5-6*
- *दालचीनी : थोड़ी-सी*
- *तेजपात : 3-4 पत्ते*
- *इलायची : 3-4 बड़ी*
- *जीरा : 1 चम्मच*

विधिः

1. सबसे पहले चावल साफ करके कम-से-कम 1 घंटा पहले भिगोकर रख दें।
2. दो बड़े टमाटर गोल-गोल टुकड़ों में सजाने के लिए काटकर रख लें।
3. 300 ग्राम पनीर को आधे-आधे इंच के चौकोर टुकड़ों में काट लें। बाकी पनीर को सजाने के लिए एक इंच लंबे व आधे इंच चौड़े टुकड़ों में काटें।
4. अब कड़ाही में तेल गरम करें। चाहें तो देशी घी का प्रयोग करें जिससे पुलाव अत्यन्त स्वादिष्ट बनेगा।
5. इसमें पहले पनीर को उलट-पलटकर गुलाबी होने तक भून लें।

6. फिर गोभी के टुकड़े डालकर पलटें।

7. 2-3 मिनट बाद इसमें मटर, आलू, कटे काजू व बादाम डाल दें और 3-4 मिनट तक उलट-पुलट करें।

8. इन सब्जियों को अलग बर्तन में निकाल लें अथवा अन्य फ्राइंग पैन लेकर उसमें दो बड़े चम्मच देशी घी डालें।

9. घी गरम होने पर जीरा गुलाबी करें, फिर गरम मसाले की सामग्री तेजपात, बड़ी इलायची, लौंग, काली मिर्च डालकर भूनें। डालते ही यह मसाला गुलाबी हो जाएगा।

10. इसमें प्याज़ डालकर हलकी-सी नरम होने तक भूनें। क्रीम डालकर भूनें।

11. बाकी टमाटर मिक्सी में पीस लें। पिसे टमाटर प्याज में डाल दें।

12. 4-5 मिनट में टमाटर भुन जाएंगे व तेल अलग हो जाएगा।

13. अब इस मिश्रण में चावल व दो कप पानी व दूध में घुला केसर डाल दें। नमक, लाल मिर्च स्वादानुसार डालें।

14. चावलों में भली प्रकार उबाल आने पर मटर, गोभी, पनीर का मिश्रण डाल दें।

15. धीमी आंच पर पकने दें।

16. चावल ठीक प्रकार पकने तक मटर गोभी, आलू भी गल जाएंगे।

17. गैस बंद कर दें। पुलाव परोसते समय टमाटर के गोल टुकड़े व पनीर के टुकड़े ऊपर से सजा दें। सजावट के लिए ऊपर से धनिया भी डाला जा सकता है।

मटर पनीर पुलाव

(4 व्यक्तियों के लिए)

सामग्री:

- *बासमती चावल : 2 कप*
- *पनीर चौकोर छोटे टुकड़ों में कटा हुआ : 150 ग्राम*
- *हरी मटर के दाने : डेढ़ कप*
- *तेल : तीन बड़े चम्मच*
- *इलायची : 4 बड़ी*
- *दालचीनी : 1 टुकड़ा*
- *काली मिर्च : 7-8*
- *लौंग : 5-6*
- *नमक : 1 चम्मच*
- *जीरा : 1 बड़ा चम्मच*
- *तेजपात : 2-3 पत्ते*

विधि:

1. चावल को धोकर कम-से-कम आधा घंटा पहले पानी में भिगोकर रखें।
2. पैन में तेल छोड़कर गरम करें।
3. इसमें धीमी आंच पर पनीर को हलका-सा तल लें।
4. अब बचे गरम तेल में जीरा डालकर भूनें।
5. जीरा गुलाबी होने पर बड़ी इलायची, साबुत दालचीनी, तेजपात, लौंग, व काली मिर्च डाल दें।
6. इनके भुन जाने पर मटर के दाने डालकर भूनें।
7. तीन-चार मिनट बाद चावल का पानी निकालकर चावल डाल दें।
8. जिस कप से चावल नापे थे उसी कप से साढ़े तीन कप पानी डाल दें। (यदि चावल पहले से भीगे न हों तो चावल की मात्र' का दुगुना पानी डालते हैं)।
9. नमक डालकर पुलाव पकने के लिए आंच धीमी कर दें।
10. बीच-बीच में खोलकर देख लें कि चावल गले या नहीं।
11. जब चावलों में हलका-सा पानी रह जाए तो पनीर के टुकड़े डाल दें।

12. यदि आपको लगे कि चावल गले नहीं हैं और पानी खत्म हो गया है तो और पानी न डालें, वरना पैन के ऊपर ढकने वाली प्लेट में हलका-सा पानी भर दें व बिलकुल धीमी आंच पर चावल पकने दें।

13. लगभग 8-10 मिनट में यह पुलाव तैयार हो जाएगा।

14. इस पुलाव का यूं भी आनन्द लिया जा सकता है और दही अथवा छोलों के साथ भी।

पनीर बिरयानी

(4-5 व्यक्तियों के लिए)

सामग्रीः

- *बासमती चावल : 2 कप*
- *पनीर चौकोर टुकड़ों में कटा हुआ : 200 ग्राम*
- *प्याज बारीक कटी हुई : 2 बड़ी*
- *नमक : 1 चम्मच*
- *लाल मिर्च : 1 चम्मच*
- *धनिया पाउडर : 1 चम्मच*
- *जीरा : 1 चम्मच*
- *सौंफ पिसी हुई : 1 चम्मच*
- *गरम मसाला : 1 चम्मच*
- *अदरक पेस्ट : 1/2 चम्मच*
- *लहसुन पेस्ट : 1 चम्मच*
- *दालचीनी : 1 टुकड़ा*
- *लौंग : 4-5*
- *साबुत काली मिर्च : 7-8*
- *तेल : 4 बड़े चम्मच*
- *इलायची : 2-3 बड़ी*
- *नीबू : 1*

विधिः

1. चावल को धोकर कम-से-कम आधा घंटा पहले भिगो दें।
2. तेल कड़ाही में छोड़ें व गरम करें।
3. इसमें पनीर के टुकड़े हलके-से तल लें। गैस बंद करें।
4. लाल मिर्च, धनिया पाउडर, सौंफ पाउडर, गरम मसाला, अदरक व लहसुन पेस्ट एक कटोरी में मिला लें।
5. इसमें 1-2 चम्मच पानी मिलाकर गाढ़ा पेस्ट बना लें।
6. अब कड़ाही में बचे तेल को पुनः गरम करें।
7. जीरा भूनकर गुलाबी करें।
8. इसमें बड़ी इलायची, लौंग, दालचीनी व साबुत काली मिर्च भूनें।
9. डालते ही ये मसाले लाल होने लगेंगे। अतः कटी प्याज डाल दें।
10. प्याज गुलाबी होने तक भूनें।
11. इसमें मसालों का पेस्ट डालकर भूनें।
12. अब भीगे हुए चावल का पानी निकालकर चावल डाल दें।

13. चावल में नमक व पनीर मिलाएं।

14. कप से नापकर साढ़े तीन कप पानी मिला दें।

15. चावल ढककर धीमी आंच पर पकने दें।

16. चावल आधे पक जाएं, तो आधे नीबू का रस इसमें निचोड़ दें। आप चाहें तो स्वादानुसार पूरा नीबू भी निचोड़ सकती हैं।

17. चावल पक जाने पर व पानी सूख जाने पर गैस बंद करें।

18. परोसते समय सजावट के लिए हरा धनिया डाला जा सकता है।

नोटः बिरयानी का अलग-अलग स्वाद चखने के लिए मशरूम, गोभी, गाजर, मटर, शिमला मिर्च, आलू आदि को इच्छा के अनुसार डाला जा सकता है।

रोटी, परांठा

पनीर तवा परांठा

(4 व्यक्तियों के लिए)

सामग्रीः

- *आटा : 2 कप*
- *पनीर मसला हुआ : 100 ग्राम*
- *नमक : 1 छोटा चम्मच*
- *लाल मिर्च : आधा छोटा चम्मच*
- *तेल : 1 कप*
- *हरा धनिया कटा हुआ : थोड़ा-सा*
- *हरी मिर्च बारीक कटी हुई : 1*

विधिः

1. आटे में चुटकी-भर नमक मिलाएं।
2. पानी डालकर नरम आटा गूंधें।
3. एक चम्मच तेल डालकर गूंधें।
4. आटे की लोई बनाकर बेलें।
5. थोड़ा-सा बेलकर तेल की पर्त लगाएं।
6. पनीर में नमक, लाल मिर्च व हरा धनिया मिला लें।
7. बेले हुए परांठे पर एक चम्मच पनीर रखकर पुनः लोई बना दें।
8. सूखा आटा लगाकर इस लोई को धीमें हाथ से बेलें।
9. धीमी आंच पर इस पनीर परांठे को सेकें।
10. करारे गरम परांठों का किसी भी मनपसंद सब्जी के साथ आनन्द लें।

टमाटरी नौरत्न पुलाव

पनीरी लाजबाब

पायनैपल पनीर रायता
स्वादिष्ट रायता सब्जियों के साथ
कैप्सिकम पनीर
पनीर वैजीटेबल सलाद

पनीर नान

(4 व्यक्तियों के लिए)

सामग्रीः

• *पनीर कसा हुआ*	*: 150 ग्राम*	• *बेकिंग पाउडर*	*: आधा छोटा चम्मच*
• *प्याज बारीक कटा हुआ*	*: 1*	• *मीठा सोडा*	*: चौथाई चम्मच*
• *हरी मिर्च बारीक कटी हुई*	*: 1 (इच्छानुसार)*	• *नमक*	*: 1 चम्मच*
• *मैदा*	*: 250 ग्राम*	• *कलौंजी अथवा खशखश*	*: आधा चम्मच*
• *दूध अथवा दही*	*: आधा कप*	• *तेल*	*: 1 चम्मच*
		• *मक्खन*	*: 2 बड़े चम्मच*

विधिः

1. मैदा में नमक और बेकिंग पाउडर छान लें।
2. आधा कप गरम दूध लेकर मैदा में मिलाएं।
3. फिर गरम पानी लेकर मैदा को थोड़ा नरम गूंध लें।
4. पूरी तरह गुंध जाने पर परात में तेल डालें और मैदा में अच्छी तरह मिला दें।
5. मैदा 4-5 घंटे के लिए रख दें।
6. पनीर में प्याज मिला दें।
7. इसमें हलका-सा नमक, लाल मिर्च व काली मिर्च मिला लें।
8. अब मैदा की लगभग आठ लोइयां बना लें।
9. एक लोई लेकर थोड़ा-सा बेलकर पनीर मिश्रण भर दें और पुनः लोई बना लें।
10. इस लोई को थोड़ा लंबा आकार देते हुए बेल लें।
11. इसे पूरा बेलने से पहले इसके ऊपर हलकी-सी खशखश बुरक दें।
12. पुनः इसके ऊपर बेलन से बेलें। खशखश दब जाएगी।
13. अब पानी का हाथ लगाकर बेले हुए नॉन को गरम ओवन में चिपका दें।
14. नॉन अच्छी तरह सिक जाने पर निकाल लें और परोसते समय मक्खन लगाकर परोसें।

पनीर भटूरे

(4 व्यक्तियों के लिए)

सामग्रीः

- *मैदा : 250 ग्राम*
- *सूजी : 100 ग्राम*
- *खट्टी दही : आधा कप*
- *मीठा सोडा : चौथाई चम्मच*
- *नमक : 1 छोटा चम्मच*
- *चीनी : आधा चम्मच*
- *पनीर कसा हुआ : 100 ग्राम*
- *लाल मिर्च : आधा चम्मच*
- *गरम मसाला : चौथाई चम्मच*
- *तेल : तलने के लिए*

विधिः

1. सूजी को एक बड़ी कटोरी में आधा कप पानी डालकर आधा घंटा रख दें, ताकि सूजी फूल जाए।
2. मैदा में नमक व सोडा मिलाएं।
3. मैदा और सूजी मिला लें।
4. इसमें खट्टा दही मिलाएं।
5. गरम पानी डालते हुए मैदा को नरम गूंधें।
6. इसमें एक बड़ा चम्मच तेल लगाएं फिर मैदा ढककर 4-5 घंटे के लिए रख दें। सर्दियों में मैदा 7-8 घंटे के लिए रखना चाहिए, ताकि हलका खमीर उठ जाए।
7. भटूरे तैयार करने के समय पनीर का मिश्रण तैयार करें।
8. पनीर में नमक, मिर्च व गरम मसाला मिला लें।
9. अब मैदा की 8 लोइयां बना लें।
10. एक लोई लेकर इसे थोड़ा-सा बेलें।
11. इसमें पनीर भरकर पुनः लोई बना लें।
12. लोई पर तेल लगाकर चकले पर लंबाई में बेल लें।
13. कड़ाही में तेल तेज गरम करके भटूरे छोड़ें।
14. धीमी आंच करके भटूरे दोनों ओर से भली प्रकार तलें।

पनीर भरावन का तंदूरी परांठा

(4 व्यक्तियों के लिए)

सामग्री:

- *बारीक पिसा आटा : 2 कप*
- *नमक : 1 चम्मच*
- *कसूरी मेथी अथवा पुदीना पत्ती : 1 चम्मच*
- *देशी घी : 3 बड़े चम्मच*
- *पनीर मसला हुआ : 100 ग्राम*
- *प्याज बारीक कटी हुई : 2 छोटी*
- *हरी मिर्च बारीक कटी हुई : 2*
- *लाल मिर्च : आधा चम्मच*
- *गरम मसाला : आधा चम्मच*

विधि:

1. सर्वप्रथम आटे में आधा चम्मच नमक मिलाकर पानी से नरम आटा गूंध लें।
2. गुंधे आटे में आधा चम्मच घी मिला दें।
3. यदि देशी घी बहुत पिघला हुआ हो, तो उसे कुछ देर फ्रिज में रख दें।
4. कटी प्याज, मसला पनीर, आधा चम्मच नमक, हरी मिर्च, गरम मसाला व लाल मिर्च मिलाकर भरावन तैयार करें।
5. सामान्य आकार से ज़्यादा बड़ी आटे की लोई तोड़ें।
6. लोई को 4-5 इंच व्यास तक बेल लें।
7. इसके ऊपर घी की पर्त अच्छी तरह लगा लें।
8. घी के ऊपर पनीर भरावन की पर्त फैला दें।
9. अब चाकू से बीच के भाग से किनारे की ओर एक चीरा लगा दें।
10. इस कटे हुए स्थान से रोटी को कोन की भांति लपेटना आरम्भ करें और पूरी रोटी का कोन बना लें।
11. अब कोन को खड़ा करें और हलके हाथ से दबा दें।
12. इसे पुनः सूखा आटा लगाकर रोटी की भांति बेल लें, परन्तु ध्यान रहे कि किनारों पर ज़्यादा जोर न लगे।

13. बीच में बेलते हुए रोटी को सामान्य से थोड़ा मोटा बेलें।
14. इसके उलटी ओर पानी का हाथ लगाएं और गरम तंदूर में लगा दें।
15. आप चाहें तो ओवन को गरम करके उसकी ट्रे में चिकनाई लगाकर भी रोटी सेंक सकती हैं।
16. सिक जाने पर निकाल लें। ऊपर की ओर चम्मच से ज्यादा घी लगा दें।
17. ऊपर से पुदीना पत्ती का सूखा पाउडर अथवा कसूरी मेथी हलकी-सी बुरक दें।

सलाद

पनीर वेजीटेबल सलाद

(6 व्यक्तियों के लिए)

सामग्रीः

- *चीज़ : 100 ग्राम*
- *पनीर : 150 ग्राम*
- *मटर के दाने : 1 कप*
- *गाजर लंबे अथवा*
- *चौकोर टुकड़ों में कटी हुई : 1 कप*
- *बंदगोभी लच्छों में कटी हुई : 1 कप*
- *गोभी टुकड़ों में कटी हुई : 1 कप*
- *प्याज गोल लच्छों में कटी हुई : 1*
- *ड्रेसिंग सिरका : 2 बड़े चम्मच*
- *चिली सॉस : 1 बड़ा चम्मच*
- *राई भुनी : 1 चम्मच*
- *नमक : 1 छोटा चम्मच*
- *पिसी चीनी : आधा चम्मच*
- *तेल : 4 बड़े चम्मच*

विधिः

1. पनीर को 4 इंच लंबे, चौथाई इंच चौड़े व पतले टुकड़ों में काट लें।
2. चीज़ को मोटा कद्दूकस कर लें।
3. मटर के दाने, गाजर के टुकड़े, गोभी व बंद गोभी को हलका-सा उबाल लें। इसके लिए इन सब्ज़ियों को उबलते पानी में डालकर ढक दें और 7-8 मिनट बाद पानी छान दें।
4. सारी सब्जियां और पनीर व प्याज के गोल छल्ले मिला लें।
5. एक बाउल में सिरका, नमक, पिसी चीनी, राई, तेल व चिली सॉस मिलाकर ड्रेसिंग तैयार करें।
6. इस ड्रेसिंग को तैयार सब्जियों के मिश्रण में अच्छी तरह मिला दें।
7. इस सलाद मिश्रण को परोसने के कम-से-कम पंद्रह मिनट पहले तैयार करके रखें और ढककर फ्रिज में रख दें।
8. परोसते समय ऊपर से कसा हुआ चीज़ डाल लें।

नोट : इस सलाद में कोई भी उपलब्ध मनपसंद मौसमी सब्जियां मिलाई जा सकती हैं। यह आवश्यक नहीं कि ये सारी सब्जियां अवश्य मिलाएं।

पनीर फ्रूट सलाद

(5 व्यक्तियों के लिए)

सामग्री:

- *पनीर : 100 ग्राम*
- *अनन्नास : 6 स्लाइस टुकड़ों में कटे हुए*
- *सेब (बड़े आकार का) : 1*
- *अंगूर (डंठल टूटे हुए) : 100 ग्राम*
- *खीरा छोटे टुकड़ों में कटा हुआ : 1*
- *नमक : 1 छोटा चम्मच*

ड्रेसिंग

- *दही : 100 ग्राम*
- *टमाटर सॉस : 1 बड़ा चम्मच*
- *क्रीम : 100 ग्राम*
- *शकर : 1 बड़ा चम्मच*

सजावट

- *काजू टुकड़ों में कटे हुए : 10-12*
- *अखरोट टुकड़ों में कटे हुए : 8*
- *गाजर के मोटे लच्छे : 1*
- *खीरा पतली फांकों में कटा हुआ : 1 छोटा*
- *सलाद पत्ते : 8-10*

विधि:

1. पनीर व कटे हुए सेब, अनन्नास व अंगूर को मिला दें।
2. इसमें नमक मिलाकर चलाएं।
3. ड्रेसिंग तैयार करने के लिए क्रीम, दही व शकर मिलाएं।
4. यदि आपको पसंद हो तो टमाटर सॉस भी मिला सकती हैं, अन्यथा न मिलाएं।
5. ड्रेसिंग को फलों के सलाद में मिलाकर बाउल में रखें।
6. सलाद प्रस्तुत करते समय ऊपर से काजू-अखरोट के टुकड़े डाल दें।
7. खीरे के टुकड़े व गाजर के लच्छे भी फैलाकर डालें।
8. सलाद पत्तों को बाउल के किनारों पर लगा दें।

पनीर अंडा सलाद

(4 से 6 व्यक्तियों के लिए)

सामग्री:

- *सेब-पतली फांकों में कटा हुआ : 1 बड़ा*
- *खीरे-छीलकर अर्ध गोलाकार में कटे हुए : दो खीरे*
- *पनीर-छोटे चौकोर टुकड़ों में कटा हुआ : 100 ग्राम*
- *अंडे उबले हुए : 3*
- *लाल मूली गोल स्लाइस में कटी हुई : दो लाल*
- *कच्ची अदरक कटी हुई : 1 बड़ा चम्मच*
- *बंदगोभी बारीक कटी हुई : 1 कप*
- *संतरा-छिली हुई फांकें : 1*
- *कच्ची प्याज-गोल लच्छों में कटी हुई : 1*

ड्रेसिंग:

- *सिरका : 4 बड़े चम्मच*
- *नीबू रस : 1*
- *नमक : 1 चम्मच*
- *शकर : 1 बड़ा चम्मच*
- *भुने तिल : 1 चम्मच*
- *काली मिर्च : आधा चम्मच*
- *सोया सॉस : 1 बड़ा चम्मच*

विधि:

1. एक बड़े बाउल में कटे सेब, खीरे, बंदगोभी, संतरा व पनीर मिलाएं।
2. एक कटोरी में ड्रेसिंग की सामग्री, नीबू का रस, सिरका, नमक, काली मिर्च, तिल, शकर व सोया सॉस मिलाएं।
3. इस ड्रेसिंग सामग्री को फलों के मिश्रण में भली प्रकार मिला दें।
4. अब सलाद को सजाकर सलाद प्लेट में लगाएं।
5. ऊपर से अदरक व कटी प्याज बिखेर दें।
6. उबले अंडे बीच से चार टुकड़े करके बीच में सजा दें।
7. चारों तरफ सलाद-सजाकर सलाद प्रस्तुत करें।

पनीर स्नैक्स

पनीर कैनेपी

(6 व्यक्तियों के लिए)

सामग्रीः

- *कैनेपी (50 पीस का पैकेट बाजार में उपलब्ध) : 18-20*
- *चने भीगे हुए : 250 ग्राम*
- *नमक : स्वादानुसार*
- *लाल मिर्च : आधा चम्मच*
- *गरम मसाला : 1/4 चम्मच*
- *काला नमक : 1/4 चम्मच*
- *अमचूर : 1/4 चम्मच*
- *आलू उबला हुआ व टुकड़ों में कटा हुआ : 1*
- *धनिया या इमली की मीठी चटनी : आवश्यकतानुसार*
- *पनीर छोटे टुकड़ों में कटा हुआ : 70 ग्राम*
- *हरा धनिया बारीक कटा हुआ : थोड़ा-सा*
- *भुना हुआ पिसा जीरा : आधा चम्मच*

विधिः

1. भीगे चने अच्छी तरह उबाल लें। चाहें तो आधा भाग राजमा व आधा भाग चने मिलाकर भिगोएं व साथ-साथ उबाल लें।
2. भली प्रकार उबल जाने पर आंच पर रखें और नमक, लाल मिर्च, गरम मसाला डाल दें।
3. कुछ मिनट बाद अमचूर व काला नमक भी डाल दें।
2. चने काफी घुटे हुए होंगे तो अधिक स्वादिष्ट लगेंगे।
5. गरम चनों में ही भुना पिसा जीरा व बारीक टुकड़ों में कटा आलू व आधा पनीर मिला दें।
6. चने आंच से उतारकर हलके ठंडे होने दें।
7. मेहमानों को परोसने के वक्त चने हलके गरम या ठंडे होने चाहिएं। इस समय चनों में मीठी चटनी मिला दें।
8. कैनेपी को प्लेटों में सजाकर उसमें एक चम्मच चने भर दें।
9. ऊपर से पनीर के कटे हुए 3-4 छोटे टुकड़े व धनिया पत्ती सजाकर तुरन्त प्रस्तुत करें।

नोट : थोड़ी देर रखे रहने पर कैनेपी का करारापन समाप्त हो जाएगा और वह नर्म हो जाएगी।

चीज़ रोल्स

(4 व्यक्तियों के लिए)

सामग्री:

• *ब्रेड स्लाइस*	*: 8*	• *दूध*	*: आधा कप*
• *क्राफ्ट चीज़/ चीज़ पाउडर/ पनीर*	*: 2 बड़े चम्मच*	• *टूथपिक*	*: थोड़ी-सी*
• *मैदा*	*: 2 बड़े चम्मच*	• *तेल*	*: तलने के लिए*
• *नमक*	*: स्वादानुसार*	• *अंडा*	*: इच्छानुसार*
• *अमचूर*	*: 1/4 चम्मच*	• *हरी मिर्च पिसी हुई*	*: 1*
• *बेकिंग पाउडर*	*: 1/4 चम्मच*	• *हरा धनिया पिसा हुआ*	*: 2 चम्मच*

विधि:

1. पहले तेज चाकू से ब्रेड के भूरे किनारे काट दें।
2. एक ब्रेड स्लाइस को चकले पर रखकर चपाती की भांति बेलें। इसी प्रकार सारे स्लाइस बेलकर पतले कर लें।
3. एक छोटे भगोने में मैदा, नमक, अमचूर और बेकिंग पाउडर डालें।
4. इसमें पिसी हरी मिर्च व हरा धनिया डालकर मिला दें।
5. इसमें चीज़ अथवा पनीर डालकर दूध डालें और चम्मच से गाढ़ा पेस्ट तैयार करें।
6. एक ब्रेड स्लाइस लेकर चम्मच से इस पेस्ट को लगाएं।
7. स्लाइस को गोलाई में रोल करके अंत में टूथपिक लगा दें।
8. सारे स्लाइस इसी तरह तैयार करके तेल में डीप फ्राई करें। मध्यम आंच पर सुनहरे होने तक रोल्स को तलें।
9. गर्मागरम रोल्स चटनी या सॉस के साथ प्रस्तुत करें।

पनीर टिक्का

(4 व्यक्तियों के लिए)

सामग्री:

- *पनीर 1 इंच चौकोर टुकड़ों में कटा हुआ : 250 ग्राम*
- *प्याज गोल लच्छों में कटी हुई : 2 बड़ी*
- *लाल सख्त टमाटर लंबे टुकड़ों में कटा हुआ : 1*
- *दही : आधा कटोरी*
- *अदरक पेस्ट : 1 चम्मच*
- *लाल मिर्च दो चम्मच पानी में भीगी हुई : 1 छोटा चम्मच*
- *काला नमक : आधा चम्मच*
- *गरम मसाला : 1/4 चम्मच*
- *भुना व पिसा जीरा : 1/4 चम्मच*
- *नीबू : आधा*
- *नमक : स्वादानुसार*
- *तेल : 3 बड़े चम्मच*

विधि:

1. दही को अच्छी तरह फेंटें।
2. दही में काला नमक, भुना जीरा, गरम मसाला, लाल मिर्च मिलाएं।
3. अदरक पेस्ट एक चम्मच, नीबू रस एक चम्मच, तेल भी इसमें मिला दें।
4. इस पेस्ट में चौकोर पनीर के टुकड़ों को अच्छी तरह लपेटें।
5. किसी चिकनाई लगी ट्रे अथवा प्लेट में पनीर के टुकड़े रखकर ओवन में मध्यम ताप (200 डिग्री) पर ग्रिल होने को रख दें।
6. इस बीच दो चम्मच तेल गरम करके प्याज के लच्छों को थोड़ा नरम होने तक भूनें। (गुलाबी करने की आवश्यकता नहीं है।)
7. शिमला मिर्च व टमाटर के लम्बे टुकड़े भी इसमें डालकर तेल में भूनें। ध्यान रखें कि टमाटर में भीतरी गूदा न हो।
8. सब सामग्री को केवल 2-3 मिनट ही चलाएं और आंच से उतार लें अधिक देर करने पर टमाटर, शिमला मिर्च व प्याज का लच्छा अधिक नरम होकर मुरझा जाएगा।
9. लगभग 10-12 मिनट में पनीर भीतर तक गरम होकर पक जाएगा।
10. इसे गर्मागरम ही सर्विंग डिश में डालें, ऊपर से प्याज, टमाटर व शिमला मिर्च के लच्छे डालें।
11. यदि अधिक खट्टा पसंद हो, तो ऊपर से नीबू भी डाला जा सकता है, अन्यथा खट्टी चटनी के साथ पनीर टिक्के का आनन्द लें।

——पनीर स्प्रिंग रोल्स (बिना अंडे के)——

(3 से 5 व्यक्तियों के लिए)

सामग्री:

• पैन कैक मैदा	: 1 कप (लगभग 150 ग्राम)	• प्याज बारीक कटी हुई	: 1
• दूध	: 1/4 कप	• बीन स्प्राउट्स	: 1/4 कप
• नमक	: स्वादानुसार	• फ्रेंच बीन लम्बे टुकड़ों में कटी हुई	: 1/4 कप
• काली मिर्च	: चुटकी-भर	• अदरक कतरी हुई	: आधा चम्मच
• कस्टर्ड पाउडर	: स्वादानुसार	• शिमला मिर्च लम्बे-पतले टुकड़ों में कटी हुई	: 2
• सेंकने के लिए तेल	: आधा कप	• तेल	: 2 बड़े चम्मच
भरावन		• नमक	: स्वादानुसार
• पनीर	: 100 ग्राम	• काली मिर्च	: 1/4 चम्मच
• बन्द गोभी बारीक कटी हुई	: आधा कप		
• गाजर लच्छों में कटी हुई	: 1/4 कप		

विधि:

1. मैदा में नमक, काली मिर्च व कस्टर्ड पाउडर मिलाकर दूध मिलाएं।
2. आवश्यकतानुसार आधा या चौथाई कप पानी मिलाएं, ताकि घोल इतना पतला हो, जिसे तवे पर आसानी से फैलाया जा सके। घोल बनाकर रख दें।
3. अब भरावन तैयार करें। इसके लिए तेल गरम करके प्याज व अदरक भूनें।
4. सभी कटी हुई सब्जियां एक-एक करके डालें और प्रत्येक सब्जी कम-से-कम 2-3 मिनट भूनें।
5. अन्त में बीन स्प्राउट्स व पनीर के छोटे टुकड़े मिला दें।
6. इसमें स्वादानुसार नमक व काली मिर्च मिलाकर आंच से उतार लें।
7. नॉन स्टिक फ्राइंग पैन में पैन केक चमचे की सहायता से फैलाएं और इसके चारों ओर एक चम्मच तेल डालें।
8. जब इसके किनारे उठने लगें और नीचे की ओर सिका हुआ महसूस हो तो पलटकर दूसरी ओर भी तेल डालकर सेकें।
9. ठीक प्रकार सिक जाने पर भरावन की सामग्री की पर्त फैलाकर इसे गोलाई में लपेटकर बंद कर दें।
10. तेज चाकू की सहायता से इसे दो इंच या ढाई इंच लंबे टुकड़े में काटकर गर्मागरम स्प्रिंग रोल का चटनी या सॉस के साथ आनन्द लें।

पनीर बाल्स

(6 व्यक्तियों के लिए)

सामग्रीः

• *पनीर मसला हुआ*	*: 250 ग्राम*	• *नमक*	*: आधा चम्मच*
• *बेसन*	*: 1 कप*	• *जीरा*	*: आधा चम्मच*
• *पिसी मूंगफली या काजू*	*: आधा कप*	• *बेकिंग पाउडर*	*: 1 छोटा चम्मच*
• *प्याज बारीक कटी हुई*	*: 1 बड़ी*	• *हरा धनिया बारीक कटा हुआ*	*: 1 गुच्छी*
		• *तेल*	*: तलने के लिए*

विधिः

1. एक बड़े बाउल में पनीर मसल लें। यदि घर का पनीर हो तो और भी अच्छा है।
2. उसमें बेसन, मूंगफली, नमक, ज़ीरा भली प्रकार मिलाएं। प्याज पसंद हों तो प्याज डाल दें।
3. बेकिंग पाउडर व हरा धनिया भी मिला दें।
4. इस मिश्रण के छोटे-छोटे बॉल्स बनाएं।
5. कड़ाही में तेल गरम करके मध्यम आंच पर पनीर बाल्स को डीप फ्राई करें।
6. इन पनीर बाल्स को स्नैक्स के रूप में तो खाया ही जा सकता है, पुलाव में डालकर भी पकाया जा सकता है।

भरवां पनीर रोल्स

(6 व्यक्तियों के लिए)

सामग्री:

- *पनीर मसला हुआ* : *300 ग्राम*
- *मैदा* : *2 बड़े चम्मच*
- *बेसन* : *2 बड़े चम्मच*
- *नमक* : *आधा चम्मच*
- *गरम मसाला* : *चुटकी-भर*
- *हरा धनिया बारीक कटा हुआ* : *आधी गुच्छी*
- *बेकिंग पाउडर* : *चुटकी-भर*
- *तेल* : *तलने के लिए*

भरावन

- *आलू उबले व मसले हुए* : *3 बड़े*
- *प्याज बहुत बारीक कटी हुई* : *1*
- *नमक* : *स्वादानुसार*
- *लाल मिर्च* : *आधा चम्मच*
- *गरम मसाला* : *1/4 चम्मच*
- *धनिया पाउडर* : *आधा चम्मच*
- *भुना जीरा* : *1/4 चम्मच*
- *अमचूर पाउडर* : *आधा चम्मच*

विधि:

1. पनीर को मसलकर उसमें मैदा, बेसन मिला लें।
2. नमक, गरम मसाला, बेकिंग पाउडर व धनिया पत्ती मिला के छोटी-छोटी लोई बना लें।
3. दूसरे बर्तन में भरावन सामग्री तैयार करें।
4. आलू, प्याज, नमक, मिर्च, गरम मसाला, धनिया पाउडर, जीरा, अमचूर मिलाकर अच्छी तरह मसलें।
5. पनीर मिश्रण की लोई को हथेली पर चपटा करें और उसमें एक चम्मच भरावन सामग्री भरें।
6. पुनः लोई को अंडाकार देते हुए बंद कर दें।
7. इसी प्रकार सारे रोल्स तैयार करें।
8. कड़ाही में घी/तेल तेज गरम करें।
9. फिर आंच धीमी करके ये रोल्स गुलाबी होने तक तलें।
10. तेल कम गरम होने पर रोल्स तेल में ही फट सकते हैं।
11. गर्मागरम रोल्स चटनी या सॉस के साथ खाएं।

बेक्ड पनीर

(6 व्यक्तियों के लिए)

सामग्री:

- *पनीर : 400 ग्राम*
- *शिमला मिर्च 1 इंच टुकड़ों में कटी हुई : 3-4*
- *टमाटर चौकोर टुकड़ों में बिना गूदे के : 2 बड़े*
- *मध्यम आकार की प्याज चौकोर टुकड़ों में कटी हुई : 3-4*
- *फेंटी हुई गाढ़ी दही : 250 ग्राम*
- *नमक : 1 चम्मच*
- *लाल मिर्च : आधा चम्मच*
- *लाल रंग : चुटकी-भर*
- *बूंदें : 3-4*
- *इलायची पिसी हुई : 5*
- *लौंग पिसी हुई : 4*
- *दालचीनी पिसी हुई : 1 बड़ा टुकड़ा*

विधि:

1. सबसे पहले पनीर के बड़े टुकड़े में से आधा इंच मोटे स्लाइस काटें। अर्थात् बड़े स्लाइस ही रहने दें, छोटे-छोटे टुकड़े न करें।
2. इस स्लाइस पर लगाने के लिए दही का मिश्रण तैयार करें।
3. दही को थोड़ी देर छलनी में या बारीक कपड़े में बांधकर रखें, ताकि अतिरिक्त पानी निकलकर गाढ़ा दही रह जाए।
4. दही को अच्छी तरह फेंटकर उसमें नमक, लाल मिर्च तथा लाल रंग मिलाएं।
5. पनीर के सभी बड़े स्लाइस पर दोनों ओर दही मिश्रण भली प्रकार लपेट दें।
6. चिकनाई लगी ट्रे में पनीर को ओवन में बेक हो जाने पर स्पेटुला से पनीर को पलट दें। इधर से 10 मिनट में ही पनीर अच्छी तरह सिक जाएगा।
7. एक तरफ दही की परत जम जाने पर तथा बेक हो जाने पर स्पेटुला से पनीर को पलट दें। इधर से 10 मिनट में ही पनीर अच्छी तरह सिक जाएगा।

8. ओवन बन्द करें। पनीर ओवन में ही रखा रहने दें ताकि गरम रहे।

9. किसी फैले फ्राइंग पैन अथवा नॉन स्टिक तवे में तेल गरम करें।

10. इसमें पिसी हुई इलायची, दालचीनी व लौंग को भून लें।

11. धीमी आंच पर चौकोर टुकड़ों में कटा प्याज भूनें।

12. हलका-सा नरम होने पर टमाटर व शिमला मिर्च भी डालकर उलटें-पलटें।

13. नमक डालकर मिलाएं।

14. परोसते समय बेक किया हुआ गरम पनीर का टुकड़ा प्लेट में रखकर तेज छुरी से चौकोर अथवा तिरछे टुकड़े काट दें।

15. उसके चारों तरफ मसालेदार सब्जियां फैला दें और गर्मागरम पनीर का स्वाद लें।

नोट : खाने के लिए टूथपिक का प्रयोग किया जा सकता है।

पनीर पकौड़ा

(6 से 8 व्यक्तियों के लिए)

सामग्री:

- *पनीर* : *500 ग्राम*
- *बेसन* : *2 कप*
- *नमक* : *स्वादानुसार*
- *मिर्च* : *आधा छोटा चम्मच*
- *मीठा सोडा* : *एक चुटकी*
- *दूध* : *1 कप*
- *तेल* : *तलने के लिए*

पकौड़े की भरावन

- *चाट मसाला* : *2 चम्मच*
- *नमक* : *आधा चम्मच*
- *लाल मिर्च* : *आधा चम्मच*
- *गरम मसाला* : *1/4 चम्मच*
- *नीबू रस* : *1 चम्मच*

विधि:

1. भरावन का मसाला एक कटोरी में मिलाकर रख लें।
2. इसमें एक-दो चम्मच पानी भी आवश्यकतानुसार डालकर गाढ़ा पेस्ट तैयार करें।
3. अब बेसन का गाढ़ा घोल तैयार करें।
4. पहले इसे दूध में घोलें, फिर आवश्यकतानुसार पानी डालकर गाढ़ा घोल बनाएं।
5. इसमें नमक मिर्च व सोडा मिला दें।
6. पनीर के 2 इंच लंबे व 2 इंच चौड़े बिलकुल पतले स्लाइस काटें।
7. दो स्लाइस लेकर बीच में भरावन का मसाला लगाकर रखें।
8. इसी प्रकार सारे पनीर के दो-दो टुकड़े मिलाकर मसाला भर कर रख लें।
9. आपको यदि पतले टुकड़े मिलाने में दिक्कत लगे, तो पनीर के मोटे टुकड़े काटकर चाकू से आधी दूरी तक चीरा लगाया जा सकता है।
10. कड़ाही में तेल छोड़कर गरम करें।
11. मसाला लगे पनीर के टुकड़े बेसन के घोल में डुबोकर तेल में तलें।
12. अच्छी तरह तल जाने पर हलका लाल हो जाने पर पकौड़े उतार लें।
13. गरम पकौड़े धनिये की चटनी अथवा टोमैटो कैचप के साथ प्रस्तुत करें।

पनीर बारबेक्यू
काजू पनीर की शाकाहारी मछली
पनीर कटलेट

पनीर स्प्रिंग रोल्स

शाही कोफ्ते

पनीर बारबेक्यू

(6 व्यक्तियों के लिए)

सामग्री:

- *पनीर 1 इंच के चौकोर टुकड़ों में कटा हुआ : 200 ग्राम*
- *शिमला मिर्च 1 इंच चौकोर टुकड़ों में कटी हुई : 2*
- *प्याज, चौकोर टुकड़ों में कटी हुई : 2*
- *नमक : आधा चम्मच*
- *लाल मिर्च : 1/2 छोटा चम्मच*
- *टमाटर : इच्छानुसार*
- *गरम मसाला : आधा चम्मच*
- *तेल : 1 चम्मच*
- *लकड़ी की 6 इंच लंबी स्टिक्स : 8-10*
- *नीबू : 1*

विधि:

1. फ्राइंग पैन में तेल गरम करके प्याज, शिमला मिर्च व टमाटर के टुकड़े हलके से नरम होने तक भूनें।
2. नमक, मिर्च, गरम मसाला मिला दें।
3. अधिक मसालेदार पनीर स्टिक्स तैयार करनी हो, तो दालचीनी, लौंग, अजवायन व छोटी इलायची पीसकर इसमें मिलाएं।
4. सब्जियां, विशेष रूप से मसाला मिलाने के लिए ही हलकी-सी भुननी हैं। इन्हें अधिक गलने तक न भूनें। इसमें पनीर भी मिला दें।
5. एक स्टिक में पनीर का टुकड़ा, प्याज का टुकड़ा, टमाटर का टुकड़ा व शिमला मिर्च का टुकड़ा बारी-बारी से लगा दें।
6. आधी स्टिक भर जाने तक सब चीजें लगाएं।
7. इसी प्रकार सारी स्टिक्स में पनीर व सब्ज़ियां लगाकर ओवन में मध्यम आंच पर 12 से 15 मिनट ग्रिल करें।
8. माइक्रोवेव ओवन में 2-3 मिनट में ही स्टिक्स तैयार हो जाएगी।
9. इन्हें बाहर निकालते समय ऊपर से नीबू की 2-3 बूंदें निचोड़ दें।
10. इन स्टिक्स का गरम ही आनन्द लें।

पनीर कटलेट

विधि नं. 1 (6 व्यक्तियों के लिए)

सामग्री:

- *पनीर मसला हुआ : 200 ग्राम*
- *उबले व मसले हुए आलू : 4*
- *ब्रेड स्लाइस : 4*
- *हरी मिर्च बारीक कटी हुई : 2*
- *नमक : 1 चम्मच*
- *लाल मिर्च : आधा चम्मच*
- *हरा धनिया बारीक कटा हुआ : 2 बड़े चम्मच*
- *तेल : तलने के लिए*
- *साथ खाने के लिए खट्टी अथवा मीठी चटनी*

विधि:

1. उबले हुए आलू व पनीर मिला दें।
2. ब्रेड को पानी में भिगोकर निचोड़ दें।
3. इन स्लाइस को आलू पनीर मिश्रण में भली प्रकार मिलाएं।
4. नमक, मिर्च, गरम मसाला, हरी मिर्च व हरा धनिया मिला दें।
5. छोटे-छोटे आकार में मिश्रण लेकर कटलेट को गोल टिक्की अथवा दिल का आकार दें।
6. कड़ाही में तेल तेज गरम करें।
7. कटलेट छोड़ने के पश्चात् आंच धीमी कर दें। सुनहरा होने तक कटलेट को डीप फ्राई करें।
8. गरम कटलेट धनिया या पुदीने की खट्टी या मीठी चटनी के साथ खाएं।

पनीर कटलेट

विधि नं. 2 (4 व्यक्तियों के लिए)

सामग्रीः

● *पनीर मसला हुआ*	*: 250 ग्राम*	● *दूध*	*: 1 कप*
● *आलू उबले व मसले हुए*	*: 200 ग्राम*	● *नमक*	*: 1 छोटा चम्मच*
● *मैदा*	*: 100 ग्राम*	● *लाल मिर्च*	*: आधा चम्मच*
		● *ब्रेड क्रम्बस*	*: 200 ग्राम*
		● *तेल*	*: आधा कप*

विधिः

1. एक चम्मच तेल फ्राइंग पैन में गरम करें।
2. उसमें मैदा को धीमी आंच पर हलका-सा भूनें।
3. फिर चम्मच से चलाते हुए दूध डालें। ध्यान रहे कि रोड़ी न बनें।
4. थोड़ी देर पकने दें। मैदा का घोल गाढ़ा हो जाएगा।
5. पनीर व आलू को अलग बर्तन में अच्छी तरह मिलाएं।
6. इसमें गाढ़ा हुआ मैदा अच्छी तरह मिलाएं।
7. नमक, मिर्च मिलाएं।
8. मिश्रण से गोले तोड़कर कटलेट का मनचाहा आकार बनाएं।
9. यदि मिश्रण नरम हो तो कुछ देर फ्रीज़र में रख दें।
10. थोड़ा-सा तेल उथले फ्राइंग पैन या नॉन स्टिक तवे पर गरम करें।
11. कटलेट को ब्रेड क्रम्बस में लपेटकर नॉन स्टिक तवे पर सेकें।
12. थोड़ा-थोड़ा तेल डालते हुए एक साथ 4-5 कटलेट सेके जा सकते हैं।

नोट : ब्रेड क्रम्बस का तैयार पैकेट बाज़ार में मिलता है। आप सूखी हुई ब्रेड को पीसकर उसका चूरा यानी ब्रेड क्रम्बस तैयार कर सकती हैं।

पनीर सैण्डविच पैन केक

(4 व्यक्तियों के लिए)

सामग्री:

- *बेसन : 2 कप*
- *नमक : आधा चम्मच*
- *लाल मिर्च : आधा चम्मच*
- *तेल : आधा कप*
- *मीठा सोडा : एक चुटकी*

भरावन मिश्रण

- *पनीर कद्दूकस किया हुआ : 200 ग्राम*
- *उबले हुए आलू : 2*
- *प्याज : 1 या 2 इच्छानुसार*
- *नमक : इच्छानुसार*
- *गरम मसाला : आधा चम्मच*
- *हरी मिर्च बारीक कटी हुई : 1*
- *तेल : 1 बड़ा चम्मच*
- *जीरा : आधा चम्मच*
- *हरा धनिया बारीक कटा हुआ*

विधि:

1. सबसे पहले भरावन मिश्रण तैयार करें। इसके लिए तेल गरम करें।
2. यदि प्याज डालना चाहें तो प्याज डालें अन्यथा जीरा गुलाबी करें।
3. पनीर डालकर चलाएं।
4. आलू को हलका-सा कुचलकर बारीक कर लें और पनीर में डालें।
5. अच्छी तरह भुन जाने पर नमक, हरी मिर्च व गरम मसाला डालें।
6. आधी कटोरी पानी डालकर अच्छी तरह उबालें कि मिश्रण पहले की भांति सूखा हो जाए। अंत में कटा धनिया मिला दें।
7. अब पैन केक बनाएं। इसके लिए बेसन में नमक, मिर्च, सोडा डालकर पानी से गाढ़ा घोल तैयार करें।
8. अब यदि आवश्यकता हो तो और पानी डालें और मिश्रण को पैन केक बनाने लायक पतला कर लें।
9. नॉन स्टिक तवे पर मध्यम आकार का बेसन का पैन केक (चीला) फैलाएं।
10. जब इसके किनारे ऊपर उठने लगें तो, किनारों पर चम्मच से तेल डालते हुए पलटें।

11. दोनों तरफ ठीक प्रकार सिक जाने पर पैन केक उतारकर प्लेट में रख लें।
12. इसी प्रकार 4 पैन-केक और बनाएं।
13. अब प्लेट में एक पैन केक रखकर उसके ऊपर भरावन मिश्रण चम्मच से फैला दें।
14. मिश्रण के ऊपर पुनः केक रखें। इस प्रकार 5 पैन केक के बीच भरावन सामग्री फैलाएं।
15. यदि सारे पैन केक एक आकार के न हों, तो भरावन मिश्रण भरने के पश्चात् निकले हुए किनारे चाकू से काट दें।
16. इस पैन केक को परोसते समय ओवन में गरम किया जा सकता है। इसे बीच से काटते हुए 6 या 8 टुकड़े करें।
17. गरम पैन केक का टोमैटो कैचप के साथ आनन्द लें।

पनीर पीज़ा

(3 व्यक्तियों के लिए)

सामग्रीः

- *पनीर कसा हुआ : 100 ग्राम*
- *चीज़ कसी हुई : 50 ग्राम*
- *ब्रेड स्लाइस : 6*
- *प्याज बारीक कटी हुई : 1*
- *शिमला मिर्च बारीक कटी हुई : 1*
- *टमाटर प्यूरी : आधा कप*
- *टमाटर सॉस : 2 बड़े चम्मच*
- *तेल : 1 चम्मच*
- *नमक : 1 चम्मच*
- *मक्खन : 1 चम्मच*

विधिः

1. तेल गरम करके उसमें आधी प्याज व टमाटर प्यूरी भूनें।
2. अब पनीर व नमक भी मिला दें।
3. ब्रेड स्लाइस के ऊपर पनीर-टमाटर मिश्रण चम्मच से फैलाएं।
4. इसके ऊपर कसी हुई चीज़ थोड़ी-सी बुरक दें।
5. इसके ऊपर शिमला मिर्च व प्याज के कटे टुकड़े डालकर छोटा-सा टुकड़ा मक्खन का डाल दें।
6. इसी प्रकार सारे स्लाइस तैयार करें। 200 डिग्री पर ओवन में रख दें।
7. 5-7 मिनट में ब्रेड पीज़ा सिक जाएगा।
8. गरम ब्रेड पीज़ा पर चम्मच से थोड़ा टमाटर सॉस लगाएं और चाय के साथ आन्नद लें। चाय का स्वाद भी दोगुना हो जाएगा।

पनीर समोसा

(8 व्यक्तियों के लिए)

सामग्रीः

- *मैदा (लगभग डेढ़ कप) : 250 ग्राम*
- *सूजी : आधा कप*
- *मीठा सोडा या बेकिंग पाउडर : चुटकी-भर*
- *नमक : आधा छोटा चम्मच*
- *तेल (मिलाने के लिए) : 3 बड़े चम्मच*
- *तेल : तलने के लिए*

भरावन सामग्री

- *पनीर कसा हुआ : 250 ग्राम*
- *आलू उबले व कुचले हुए : 100 ग्राम*
- *तेल : 2 बड़े चम्मच*
- *अदरक बारीक कटी हुई : 1 चम्मच*
- *नमक : 1 चम्मच*
- *लाल मिर्च : आधा चम्मच*
- *गरम मसाला : 1/4 चम्मच*
- *अमचूर : आधा चम्मच*
- *काजू के टुकड़े : 8-10*
- *किशमिश : 10-12*
- *जीरा भुना हुआ : 1 छोटा चम्मच*
- *हरी मिर्च बारीक कटी हुई : 1*
- *चीनी : 1/4 चम्मच*
- *धनिया पाउडर : 1 चम्मच*

विधिः

1. पहले भरावन तैयार करके ठंडा होने को रख दें। इसके लिए तेल गरम करके धीमी आंच पर पहले सारे मसाले नमक, मिर्च, गरम मसाला, धनिया पाउडर, भुना जीरा डालें। काजू डालें, फिर आलू भी डालकर पलटें।
2. पनीर डालकर अच्छी तरह मिला दें।
3. चीनी व हरी मिर्च मिलाकर भरावन सामग्री को 5-7 मिनट भूनें। फिर मिश्रण आंच से उतारकर ठंडा होने रख दें।
4. मैदा, सूजी, नमक व बेकिंग पाउडर मिलाकर एक बर्तन में रखें।
5. इसमें तेल का मोयन हथेली से अच्छी तरह रगड़कर मिलाएं।
6. तेल अच्छी तरह मिल जाने पर थोड़ा पानी डालते हुए सख़्त गूंध लें।
7. कुछ देर ढककर रखें, फिर इसे पुनः गूंधें।
8. हाथ से छोटी-छोटी लोइयां बनाकर बेलें।
9. बीच से चाकू से काटकर दो भाग करें।
10. एक भाग के किनारों पर पानी लगाते हुए इसे कोन की भांति गोल कर लें।
11. चम्मच से मिश्रण भर कर बंद करें। सारे समोसे इसी प्रकार बना लें। फिर कड़ाही में तेल छोड़कर धीमी आंच पर डीप फ्राई करें।
12. ये समोसे गरम अथवा ठंडे दोनों तरह खाए जा सकते हैं।

— पनीर पैन केक रोल (अंडे के साथ) —

(6 व्यक्तियों के लिए)

सामग्री:

- *मैदा* : *1 कप*
- *अंडे फेंटे हुए* : *2*
- *नमक* : *आधा चम्मच*
- *काली मिर्च* : *1/4 चम्मच*
- *दूध* : *आधा कप (मैदा घोलने के लिए)*

भरावन सामग्री

- *पनीर कसा हुआ* : *200 ग्राम*
- *प्याज बारीक कटी हुई* : *1*
- *शिमला मिर्च बारीक कटी हुई* : *1*
- *नमक* : *आधा चम्मच*
- *लाल मिर्च* : *1 चम्मच*
- *आलू उबला हुआ* : *1*
- *गरम मसाला* : *1/4 चम्मच*
- *तेल* : *2 चम्मच*
- *टमाटर बारीक कटा हुआ* : *1*
- *हरा धनिया* : *थोड़ा-सा*

विधि:

1. सर्वप्रथम भरावन मिश्रण तैयार करें।
2. तेल गरम करके प्याज भूनें।
3. हलकी भुन जाने पर शिमला मिर्च डालें।
4. साथ ही उबले आलू व टमाटर भी डाल दें।
5. पनीर डालकर मिलाएं।
6. नमक, मिर्च, गरम मसाला डालकर अच्छी तरह मिलाएं।
7. आंच से उतारते वक्त हरा धनिया डाल दें।
8. अब पैन केक बनाना शुरू करें। उसके लिए मैदा छानकर उसमें नमक, काली मिर्च मिला दें।
9. फेंटा हुआ अंडा उसमें डाल दें।
10. अब दूध डालते हुए मैदा को चम्मच से घोलें।
11. घोल बन जाने पर नॉन स्टिक तवे या खुले फ्राइंग पैन में पैन केक बनाएं। इसे बड़े चम्मच की सहायता से गोलाई में बड़ा कर लें।
12. तेल डालकर दोनों ओर से सेक लें।
13. उतार कर पैन-केक के सिरे पर भरावन मिश्रण रखकर गोलाई में रोल कर लें।
14. बीच से (चाकू से) दो टुकड़े करके प्रस्तुत करें।

पनीर डोसा

(4 व्यक्तियों के लिए)

सामग्रीः

• *चावल*	: *1 कप*	• *प्याज बारीक लच्छों में कटी हुई*	: *2 बड़े*
• *उरद की धुली दाल*	: *आधा कप*	• *नमक*	: *1 छोटा चम्मच*
• *मेथी दाना*	: *1 चम्मच*	• *लाल मिर्च पाउडर*	: *आधा चम्मच*
• *नमक*	: *स्वादानुसार*	• *राई*	: *1 चम्मच*
• *चीनी*	: *चुटकी-भर*	• *तेल*	: *2 बड़े चम्मच*
• *मीठा सोडा*	: *चुटकी-भर*		
भरावन सामग्री			
• *पनीर कसा हुआ*	: *200 ग्राम*		

विधिः

1. चावल को गर्मी में 6-7 घंटे के लिए व सर्दी में 10-12 घंटे भिगो दें।
2. उड़द की दाल व मेथी दाना भी इसी प्रकार अलग भिगोएं।
3. इन दोनों चीजों को अलग-अलग बारीक पीसने के पश्चात् मिला दें।
4. पिसा हुआ घोल बहुत गाढ़ा हो तो पानी मिला दें।
5. इसमें नमक व मीठा सोडा मिलाकर 3-4 घंटे के लिए ढककर रख दें, जिससे इसमें खमीर उठ जाएगा।
6. अब भरावन मिश्रण तैयार करें। इसके लिए तेल गरम करके उसमें राई डालें।
7. साबुत लाल मिर्च पसन्द हो, तो डाल दें।
8. भुन जाने पर प्याज डालें।
9. 3-4 मिनट भुन जाने पर उसमें पनीर मिला दें।
10. नमक, मिर्च मिला दें।
11. इस मिश्रण को उतारकर रखें।
12. अब डोसा बनाने के लिए बड़ा नॉन स्टिक तवा लें।

13. इसे गैस पर गरम करें व डोसा मिश्रण में चुटकी-भर चीनी मिलाकर तवे पर कलछी अथवा कटोरी की सहायता से फैला दें।
14. डोसा बिलकुल पतला फैलना चाहिए, ताकि वह बिना पलटे भी ऊपर तक सिक जाए। डोसा एक तरफ से ही सेका जाता है।
15. मध्यम आंच पर डोसा सिकने दें। उसके चारों तरफ तेल डाल दें।
16. जब डोसा सिका हुआ महसूस हो, तो बीच के भाग में भरावन मिश्रण डालकर दोनों किनारे बीच की ओर पलट दें।
17. डोसा उतारकर गरम ही सांभर व नारियल की चटनी के साथ परोसें।

भरवां चीला

(4 व्यक्तियों के लिए)

सामग्री:

- *बेसन : 1 कप*
- *फूल गोभी छोटे टुकड़ों में कटी हुई : 1 कप*
- *पनीर छोटे टुकड़ों में कटा हुआ : 100 ग्राम*
- *प्याज पिसी हुई : 1 बड़ी*
- *नमक : 1 चम्मच*
- *अदरक पेस्ट : 1 चम्मच*
- *लाल मिर्च : आधा चम्मच*
- *तेल : 1 कप*

विधि:

1. सबसे पहले चीले की भरावन तैयार करें। इसके लिए 1 बड़ा चम्मच तेल फ्राइंग पैन में गरम करें।
2. प्याज डालकर भूनें। अदरक भी डाल दें।
3. प्याज गुलाबी हो जाने पर बारीक कटी गोभी डाल दें।
4. आधा चम्मच नमक व मिर्च डाल दें।
5. कुछ देर धीमी आंच पर गल जाने तक भूनें।
6. अब पनीर डाल दें और धीमें हाथ से चलाएं।
7. 4-5 मिनट के चलाने के बाद भरावन तैयार हो जाएगा।
8. नॉन स्टिक तवे को आंच पर रखें।
9. बेसन में आधा चम्मच नमक व मिर्च डालें।
10. बेसन का गाढ़ा घोल तैयार करें।
11. नॉन स्टिक तवे पर एक चम्मच घोल डालकर गोलाई में फैलाएं।
12. एक ओर सिक जाने पर तेल डालकर पलटें।
13. दोनों ओर से सिक जाने पर भरावन मिश्रण भर कर रोल करें।

पनीर फ्रेंच सैंडविच

(4 व्यक्तियों के लिए)

सामग्री:

• *ब्रेड स्लाइस*	*: 8*	• *दूध*	*: आधा कप*
• *पनीर स्लाइस (ब्रेड के आकार के)*	*: 4 (लगभग 100 ग्राम)*	• *नमक*	*: स्वादानुसार*
• *चीज़ स्लाइस*	*: 4*	• *काली मिर्च*	*: आधा चम्मच*
• *अंडे*	*: 3*	• *चीनी*	*: 1/4 चम्मच*
		• *हरा धनिया बारीक कटा हुआ*	*: 2 चम्मच*
		• *तेल*	*: आधा कप*

विधि:

1. एक ब्रेड स्लाइस लें।
2. उस पर एक पनीर स्लाइस रखें।
3. पनीर पर चुटकी-भर नमक व काली मिर्च बुरकें।
4. इसके ऊपर चीज़ स्लाइस रखें।
5. फिर ब्रेड स्लाइस रखें।
6. इसी प्रकार दो ब्रेड स्लाइस के बीच पनीर व चीज़ भरकर जोड़े बनाकर रखें।
7. एक बर्तन में अंडे तोड़कर अच्छी तरह फेंटें।
8. इसमें दूध भी मिला दें।
9. फेंटे अंडे में नमक, काली मिर्च व हरा धनिया मिला दें।
10. भरे ब्रेड स्लाइस को अंडे में डुबोकर नॉनस्टिक फ्राइंग पैन अथवा तवे पर दोनों ओर तेल डालते हुए सेकें।
11. धीमी आंच पर सैंडविच अच्छी तरह सिक जाने पर चारों सैंडविच इसी प्रकार तैयार करें।
12. परोसते समय तेज छुरी से सैंडविच को तिरछा काट दें।
13. गर्मागरम फ्रेंच सैंडविच का टमाटर-कैचप के साथ आनन्द लें।

शाही कवाब

(4 व्यक्तियों के लिए)

सामग्री:

- *आलू उबले हुए : आधा किलो*
- *मैदा : 1 कप*
- *ब्रेड क्रम्बस : आधा कप*
- *नमक : स्वादानुसार*
- *लाल मिर्च : आधा चम्मच*
- *गरम मसाला : 1/4 चम्मच*
- *तेल : तलने के लिए*

भरावन

- *खोया (मावा) कसा हुआ : 200 ग्राम*
- *पनीर कसा हुआ : 250 ग्राम*
- *नमक : स्वादानुसार*
- *लाल मिर्च : आधा चम्मच*
- *गरम मसाला : 1/4 चम्मच*
- *हरी मिर्च बारीक कटी हुई : 1*
- *हरा धनिया बारीक कटा हुआ : इच्छानुसार*
- *तेल : 1 बड़ा चम्मच*

विधि:

1. कड़ाही में तेल गरम करके पहले भरावन तैयार करें।
2. तेल गरम होने पर मसला हुआ पनीर खोया मिश्रण हलका-सा भून लें।
3. इसमें नमक, मिर्च, गरम मसाला डालकर चलाएं।
4. इसमें हरी मिर्च व हरा धनिया मिलाकर उतार लें व ठंडा होने दें।
5. अब उबले हुए आलू अच्छी तरह मसल लें।
6. इसमें नमक, मिर्च व गरम मसाला मिला दें।
7. दो चम्मच मैदा भी मिला दें।
8. आलू के मिश्रण की छोटी-सी लोई तोड़कर हाथ से दबाएं।
9. बीच में भरावन मिश्रण भरकर गोल टिकिया का आकार दें।
10. सारे मिश्रण को इसी प्रकार टिकिया आकार में कवाब तैयार कर लें।
11. एक कटोरी में मैदा को पानी से घोल लें।
12. मैदा में चुटकी-भर नमक मिला दें।
13. एक प्लेट में ब्रेड क्रम्बस (सूखी ब्रेड का चूरा) रख लें।
14. कड़ाही में घी तेज गरम करें।
15. तैयार किए गए कवाब को मैदा के घोल में डुबोकर क्रम्बस में लपेटकर तल लें।
16. गरम कवाब खट्टी चटनी या सॉस के साथ खाएं।

पनीर-सोयाबीन रोल्स

(4 व्यक्तियों के लिए)

सामग्री:

- *पनीर* : *150 ग्राम*
- *सोयाबीन* : *1 कप*
- *बन्दगोभी बारीक कटी हुई* : *आधा कप*
- *शिमला मिर्च बारीक कटी हुई* : *1*
- *प्याज बारीक कटी हुई* : *1 बड़ी*
- *लहसुन पेस्ट* : *आधा चम्मच*
- *अदरक पेस्ट* : *आधा चम्मच*
- *हरी मिर्च पेस्ट* : *1/4 चम्मच*
- *नमक* : *स्वादानुसार*
- *काली मिर्च* : *आधा चम्मच*
- *आटा* : *2 बड़े चम्मच*

विधि:

1. सोयाबीन को 7-8 घंटे भिगो दें।
2. फिर उसे मिक्सी में पीसकर छान लें।
3. छानने पर छिलका ऊपर रह जाएगा।
4. पिसी सोयाबीन में पनीर, कटी प्याज व शिमला मिर्च मिला दें।
5. नमक, काली मिर्च व आटा भी मिला दें।
6. थोड़ी-सी बंदगोभी भी मिला दें। बाकी बंदगोभी बचाकर रख लें।
7. मिश्रण के छोटे-छोटे टुकड़े लेकर मुट्ठी से रोल्स का आकार दें व तल लें।
8. गरम रोल्स के ऊपर बारीक कटी बंदगोभी बिखरा दें।
9. ये रोल्स चटनी के साथ अच्छे लगते हैं।

कार्न बाल्स

(4 व्यक्तियों के लिए)

सामग्रीः

- *पनीर कसा हुआ* : *100 ग्राम*
- *चीज़ कसा हुआ* : *100 ग्राम*
- *भुट्टे के दाने उबले हुए* : *1 कप*
- *आलू उबला व मसला हुआ* : *1 बड़ा*
- *अंडा उबला व मसला हुआ* : *1*
- *नमक* : *स्वादानुसार*
- *लाल मिर्च* : *1 छोटा चम्मच*
- *काली मिर्च* : *आधा चम्मच*
- *मीठा सोडा* : *आधा चम्मच*
- *हरी मिर्च बारीक कटी हुई* : *2*
- *अदरक पेस्ट* : *आधा चम्मच*
- *प्याज* : *1*
- *लहसुन* : *4-5 कलियां*
- *हरा धनिया कटा हुआ* : *2 बड़े चम्मच*
- *तेल* : *2 कप*

विधिः

1. उबले हुए भुट्टे के दानें मिक्सी में पीस लें। इन्हें बहुत अधिक बारीक न करें।
2. 1 बड़ा चम्मच तेल गरम करके इसमें उबले आलू पनीर व चीज़ डालकर भूनें व मिलाकर अच्छी तरह मसलें। साथ ही भुट्टे के पिसे हुए दाने भी डाल दें।
3. अब बेसन, उबला हुआ अंडा मिला दें। अंडा अच्छी तरह न मसल पा रहा हो, तो मिक्सी में पीस लें।
4. इस मिश्रण में नमक, लाल मिर्च, काली मिर्च व सोडा मिला दें।
5. अदरक पेस्ट, प्याज व लहसुन पसन्द हो तो वे भी मिला दें।
6. अंत में हरी मिर्च व हरा धनिया मिलाकर मिश्रण तैयार करें।
7. कड़ाही में तेल गरम करें।
8. मिश्रण के छोटे-छोटे गोले बनाकर इन्हें भूरा होने तक तलें।
9. गरम कार्न बाल्स का चटनी के साथ आनन्द लें।

पनीर नूडल सैंडविच

(4 व्यक्तियों के लिए)

सामग्री:

पनीर	*: 250 ग्राम*	*नमक*	*: स्वादानुसार*
नूडल्स	*: 1 कप*	*चाट मसाला*	*: आधा चम्मच*
टमाटर (गोल पतले स्लाइस कटे हुए)	*: 2 बड़े*	*टमाटर बारीक कटा हुआ*	*: 1*
स्लाइस ब्रेड	*: 8*	*मीठा सोडा*	*: एक चुटकी*
मैदा	*: आधा कप*	*तेल*	*: तलने के लिए*
		मिर्च	*: 1/4 चम्मच*

विधि:

1. पहले सैंडविच बनाने के लिए नूडल तैयार करें। इसके लिए फ्राइंग पैन में एक चम्मच तेल गरम करें।
2. नूडल्स डालकर भूनें।
3. भुन जाने पर टमाटर डालकर भूनें।
4. चौथाई चम्मच नमक, मिर्च, आधा कटोरी पानी डालकर धीमी आंच करके ढक दें।
5. नूडल्स गल जाने पर उतार लें।
6. सारे ब्रेड स्लाइस के भूरे किनारे काट दें।
7. एक स्लाइस पर नूडल्स चम्मच से फैला दें।
8. उस पर पनीर का स्लाइस रख दें।
9. पनीर पर चाट मसाला बुरक दें।
10. फिर इस पर टमाटर स्लाइस रखकर ब्रेड स्लाइस रखें।
11. इसी प्रकार चार सैंडविच तैयार करें।
12. एक भगौने में मैदा व चुटकी-भर नमक व चुटकी-भर सोडा डालें।
13. मैदा का पतला घोल तैयार करें।
14. कड़ाही में घी गरम करें।
15. तैयार सैंडविच मैदा के घोल में डुबोकर गुलाबी होने तक तलें।

फ्राई आलू लच्छा डिश

(4 व्यक्तियों के लिए)

सामग्री:

- *चीज़ कसा हुआ : 100 ग्राम*
- *पनीर कसा हुआ : 250 ग्राम*
- *आलू छिले व कसे हुए (लगभग 600 ग्राम) : 6 बड़े*
- *टमाटर अथवा एक पैकेट टमाटर प्यूरी : 350 ग्राम*
- *मशरूम टुकड़ों में कटे हुए : 100 ग्राम*
- *प्याज बारीक कटी हुई : 2 बड़ी*
- *शिमला मिर्च गोल लच्छों में कटी हुई : 2*
- *नमक : स्वादानुसार*
- *काली मिर्च : आधा चम्मच*
- *तेल : 4 बड़े चम्मच*
- *मक्खन : 1 चम्मच*

विधि:

1. छिले व कद्दूकस किए आलू लच्छों को नमक मिले पानी में डाल कर रखें।
2. एक बड़ा चम्मच तेल गरम करके प्याज़ को भूनें।
3. प्याज को हलका नर्म होने तक भूनें, फिर इसमें टमाटर प्यूरी डाल दें।
4. नमक डालकर इसे गाढ़ा होने तक पकाएं, फिर आंच से उतार लें।
5. नॉन स्टिक तवे पर एक बड़ा चम्मच तेल डालकर आलू लच्छा एक रोटी जितने आकार में गोलाई से फैला दें।
6. कलछी से हलका दबाकर ढक दें।
7. धीमी आंच पर हलका नर्म होने पर उतारकर प्लेट में रखें।
8. इसी प्रकार 6 आलू फ्राई डिश तैयार करें।
9. अब एक-एक करके इसके ऊपर पहले प्याज-टमाटर मिश्रण फैला दें।
10. अब चीज़ व पनीर ऊपर से बिखेर दें।
11. इसके ऊपर शिमला मिर्च के गोल टुकड़े व मशरूम के 4-6 टुकड़े डाल दें।
12. मक्खन का छोटा-सा टुकड़ा बीच में डालकर इसे ओवन में रख दें।
13. 5-7 मिनट बेक करके डिश का आनन्द लें।

पनीर की स्पेशल चाट

(6 से 8 व्यक्तियों के लिए)

सामग्री:

- *पनीर चौकोर टुकड़ों में कटा हुआ : 200 ग्राम*
- *आलू उबले हुए व टुकड़ों में कटे हुए : 250 ग्राम*
- *अरवी-उबली हुई व कटी हुई : 250 ग्राम*
- *मूंग दाल (अंकुरित) : 1 कप*
- *मैकरोनी उबली हुई : 1 कप*
- *सेब मध्यम आकार के कटे हुए : 2*
- *खीरा चौकोर टुकड़ों में कटा हुआ : 1 बड़ा*
- *मूंगफली दाना : 100 ग्राम*
- *नमक : 1 चम्मच*
- *काली मिर्च : 1/4 चम्मच*
- *लाल मिर्च : आधा चम्मच*
- *इमली की चटनी : 100 ग्राम*
- *खजूर : 100 ग्राम*
- *अदरक पेस्ट : 1 चम्मच*
- *हरा धनिया : 1 छोटी गुच्छी*
- *नमक : स्वादानुसार*
- *लाल मिर्च : आधा चम्मच*
- *ज़ीरा पिसा हुआ : 1 छोटा चम्मच*
- *अमचूर : 1 बड़ा चम्मच*
- *गुड़ : 1 चम्मच*

विधि:

1. पहले चटनी तैयार कर लें। इसके लिए इमली, खजूर व गुड़ को उबाल लें।
2. खजूर व इमली के बीज निकालकर पीस लें व छान लें।
3. हरा धनिया, नमक, लाल मिर्च, पिसा जीरा व अमचूर ग्राइंडर में पीसें।
4. इसमें खजूर व इमली का मिश्रण मिला दें। चटनी तैयार करके फ्रिज में रख सकती हैं।
5. अब चाट की सामग्री मिला लें, अर्थात् एक चौड़े बर्तन में पनीर, आलू, अरवी, खीरा, मैकरोनी, मूंग की दाल (अंकुरित) इन सब को मिला लें।
6. इसमें नमक, काली मिर्च व लाल मिर्च मिला दें।
7. इसे तैयार करके फ्रिज में रख दें। परोसते समय ऊपर से तैयार चटनी डाल दें।
8. अंत में ऊपर से मूंगफली दाना छिड़ककर प्रस्तुत करें।

नोट : आप चाहें तो चटनी के स्थान पर थोड़ा-सा चाट मसाला और एक नीबू का रस मिला सकती हैं।

पनीर व कार्न ब्रेड पीज़ा

(8 व्यक्तियों के लिए)

सामग्रीः

- *पनीर कसा हुआ : 200 ग्राम*
- *ब्रेड स्लाइस : 8*
- *टमाटर छोटे टुकड़ों में कटा हुआ : 1 बड़ा*
- *चीज़-कसा हुआ : 250 ग्राम*
- *मक्का के दाने उबले हुए : 1 कप*
- *नमक : 1 छोटा चम्मच*
- *लाल मिर्च : 1/4 चम्मच*
- *गरम मसाला : 1/4 चम्मच*
- *हरी मिर्च बारीक कटी हुई : 1*
- *धनिया पाउडर : 1 चम्मच*
- *टमाटर सॉस : चार बड़े चम्मच*

विधिः

1. एक बर्तन में पनीर, टमाटर व मक्का के दाने मिला लें।
2. इसमें नमक, मिर्च, धनिया पाउडर व गरम मसाला मिला दें।
3. ब्रेड स्लाइस के ऊपर इस मिश्रण की एक पर्त फैला दें।
4. इसके ऊपर कसा हुआ चीज़ व हरी मिर्च बिखेर दें।
5. हलकी-सी सॉस भी ऊपर लगा दें।
6. इसी प्रकार आठ स्लाइस तैयार कर लें।
7. इन्हें ओवन में 5 से 7 मिनट ग्रिल कर लें।
8. कुछ ही देर में करारा मज़ेदार पनीर व कार्न का ब्रेड पीज़ा तैयार हो जाएगा।

काजू पनीर की शाकाहारी मछली

(4 व्यक्तियों के लिए)

सामग्रीः

- *पनीर* : *200 ग्राम*
- *आलू उबले हुए* : *4 बड़े*
- *ब्रेड स्लाइस* : *3*
- *नारियल कसा हुआ* : *1 बड़ा चम्मच*
- *काजू टुकड़ा* : *2 बड़े चम्मच*
- *किशमिश* : *8-10*
- *नमक* : *1 छोटा चम्मच*
- *गरम मसाला* : *आधा चम्मच*
- *अमचूर* : *आधा चम्मच*
- *मैदा* : *3 बड़े चम्मच*
- *तेल* : *तलने के लिए*

विधिः

1. उबले हुए आलू मसल लें।
2. इसमें ब्रेड स्लाइस को पानी में गीला करके निचोड़कर मिला दें।
3. इसमें नमक, गरम मसाला व अमचूर भी मिला दें।
4. काजू टुकड़ा व किशमिश भी मिला दें।
5. इस मिश्रण में से एक गोला लेकर मछली का आकार दें।
6. पनीर का पतला स्लाइस लेकर उसमें से उसी आकार की मछली चाकू से काट लें।
7. पनीर के ऊपर हलका-सा नमक व गरम मसाला छिड़क दें। सारी मछलियां बनाकर अलग रख लें।
8. मैदा में चुटकी-भर नमक डालकर गाढ़ा घोल तैयार करें।
9. पहले से तैयार मछलियों को मैदा के घोल में डुबोकर गरम तेल में डीप फ्राई करें।

पनीरी लाजवाब

(4 व्यक्तियों के लिए)

सामग्री:

- *पनीर : 200 ग्राम*
- *आलू-उबले हुए : 2 बड़े*
- *चना-दाल भीगी हुई : आधा कप*
- *नमक : आधा चम्मच*
- *लाल मिर्च : 1/4 चम्मच*
- *गरम मसाला : 1/4 चम्मच*
- *स्लाइस ब्रेड : 2 अथवा कार्नफ्लोर : 2 बड़े चम्मच*
- *हरी मिर्च कटी हुई : 1*
- *तेल : तलने के लिए*

विधि:

1. पनीर में ब्रेड को मसलकर मिला दें। (ब्रेड को भिगोकर निचोड़ा जा सकता है अथवा ब्रेड को मिक्सी में पीसा जा सकता है।)
2. इसमें चौथाई चम्मच नमक डालकर अलग रख दें।
3. चने की दाल पीस लें।
4. चले की दाल को हलके–से तेल में भून लें।
5. आलू मसल लें।
6. आलू व चने की दाल मिलाकर नमक, मिर्च व गरम मसाला मिला दें।
7. चाहें तो हरी मिर्च भी मिलाएं।
8. अब पनीर मिश्रण की छोटी-सी लोई लेकर उसमें चना व आलू का मिश्रण भर दें।
9. इसे अंडे के आकार में बंद करें।
10. इसी प्रकार सारी पनीरी लाजवाब को अंडे का आकार दें।
11. इन अंडों को तेल में सुनहरा होने तक तलें।
12. परोसते समय बीच से दो टुकड़े करके चटनी या सॉस के साथ प्रस्तुत करें।

बेक्ड बीन्स ट्रीट

(4 व्यक्तियों के लिए)

सामग्रीः

- *बेक्ड बीन्स (बाज़ार में उपलब्ध) : 1 छोटा टिन*
- *पनीर : 100 ग्राम*
- *प्याज बारीक कटी हुई : 1 बड़ी*
- *तेल : 1 बड़ा चम्मच*
- *नमक व मिर्च : चुटकी-भर*
- *टमाटर सॉस : 4 चम्मच*
- *हरा धनिया : थोड़ा-सा*
- *मोनेको बिस्कुट अथवा कैनेपी : 1 पैकेट*

विधिः

1. तेल में प्याज हलकी-सी नर्म होने तक भूनें।
2. उसमें बेक्ड बीन्स का टिन खोलकर सारी बीन्स डाल दें।
3. नमक व मिर्च डालें, अच्छी तरह मिलाकर उबाल आने पर उतार लें व ठंडे होने दें।
4. एक प्लेट में 12-13 बिस्कुट या कैनेपी रख लें।
5. उनके ऊपर एक चम्मच बेक्ड बीन्स रखें।
6. सभी कैनेपी या बिस्कुट के ऊपर आधा-आधा चम्मच सॉस रखकर उसके ऊपर 2-3 पनीर के टुकड़े रख दें।
7. एक-एक धनिया पत्ती सजाकर तुरन्त व्यंजन का आनन्द लें।

पनीर साबूदाना कटलेट

(4 व्यक्तियों के लिए)

सामग्री:

- ***पनीर कसा हुआ : 100 ग्राम***
- ***आलू उबले हुए (5 बड़े आलू) : 250 ग्राम***
- ***साबूदाना : 100 ग्राम***
- ***नमक : 1 छोटा चम्मच***
- ***हरी मिर्च बारीक कटी हुई : 1***
- ***लाल मिर्च : आधा चम्मच***
- ***हरा धनिया बारीक कटा हुआ : 2 बड़े चम्मच***
- ***तेल : तलने के लिए***

विधि:

1. आलू उबालकर मसल लें।
2. इसमें नमक, लाल मिर्च मिला लें।
3. साबूदाना बड़ी छलनी में डालकर पानी से धोएं, फिर निकालकर कुछ देर पानी में डाल दें।
4. 10 मिनट बाद साबूदाना निकालकर किसी चिकने कागज पर अथवा प्लेट में निकालकर फैलाकर सूखने को रख दें। (धूप में रखने की आवश्यकता नहीं है।)
5. पनीर को मसलकर उसमें चुटकी-भर नमक, हरा धनिया व हरी मिर्च मिला दें।
6. आलू की गोल लोई लेकर उसके बीच पनीर मिश्रण भर लें और कटलेट का आकार दें।
7. कड़ाही में तेल गरम करें।
8. एक-एक कटलेट उठाकर साबूदाने के ऊपर लपेटें और तेल में करारे तलें।
9. गरम कटलेट चटनी अथवा सॉस के साथ खाएं।

पनीर सैंडविच

(4 व्यक्तियों के लिए)

सामग्रीः

- *पनीर मसला हुआ : 150 ग्राम*
- *ब्रेड स्लाइस : 8*
- *नमक : आधा चम्मच*
- *मक्खन : 2 बड़े चम्मच*
- *काली मिर्च : आधा चम्मच*
- *हरी मिर्च बारीक कटी हुई : 2*
- *हरा धनिया बारीक कटा हुआ : 2 बड़े चम्मच*

विधिः

1. पनीर में नमक, काली मिर्च, हरी मिर्च व हरा धनिया मिला लें।
2. बिजली अथवा गैस के सैंडविच मेकर को गरम करें।
3. इसके दोनों ओर मक्खन लगाएं।
4. ब्रेड स्लाइस पर इतना पानी छिड़कें कि वह पूरी तरह गीला हो जाए, परन्तु टूटकर गिरे नहीं।
5. यदि स्लाइस पर पानी ज़्यादा गिर जाए, तो उसे हलके हाथ से दबाकर निचोड़ दें।
6. भीगे स्लाइस को सैंडविच मेकर में रखें।
7. इस पर हलका-सा मक्खन लगाएं। चाकू से ठीक से न लगने पर मक्खन का छोटा टुकड़ा रख दें।
8. इस पर पनीर फैलाकर रखें।
9. पुनः गीला ब्रेड स्लाइस मक्खन लगाकर रखें।
10. ऊपर भी मक्खन डालकर सैंडविच मेकर बंद करें।
11. बिजली या गैस के सैंडविच मेकर में सैंडविच गुलाबी सेकें।
12. गरम सैंडविच सॉस के साथ खाएं।

मिठाई

पनीर-खोया स्टिक्स

(4 व्यक्तियों के लिए)

सामग्री:

- *पनीर मसला हुआ : 200 ग्राम*
- *खोया कद्दूकस किया हुआ : 100 ग्राम*
- *ताजा नारियल कद्दूकस किया हुआ : 50 ग्राम*
- *चीनी पिसी हुई : 100 ग्राम*
- *कार्नफ्लोर : 1 चम्मच*
- *दूध (आधा कप) : 50 ग्राम*
- *केवड़ा एसेंस : आधा चम्मच*
- *चांदी के वर्क : 4*
- *लकड़ी की पतली स्टिक्स (6-8 इंच लंबी तीलियां) : 7-8*
- *इलायची पिसी हुई : 4-5 छोटी*
- *फ्रूट चेरी : 2 चम्मच*

विधि:

1. कड़ाही को आंच पर रखकर कार्नफ्लोर को बिना घी के भूनें।
2. खोया पनीर डालकर कलछी से भली प्रकार 5-7 मिनट चलाएं।
3. नारियल का बुरादा भी डालकर मिल जाने तक चलाएं।
4. आंच से उतार लें।
5. मिश्रण ठंडा होने पर पिसी चीनी हाथ से मिलाएं व फ्रूट चेरी भी मिला दें।
6. केवड़ा ऐसंस व पिसी इलाइची मिला दें।
7. स्टिक लेकर उसके चारों ओर मिश्रण लपेट दें। नीचे का एक-डेढ़ इंच भाग खुला छोड़ दें।
8. इसी प्रकार सारी स्टिक्स पर थोड़ा-थोड़ा मिश्रण हाथ से दबाकर चिपका दें।
9. ऊपर से चांदी के वर्क लगाकर 15-20 मिनट के लिए फ्रिज में रख दें।
10. अच्छी तरह सेट हो जाने पर स्टिक्स का आनन्द लें।

पनीर-मूंग दाल रसमलाई

(4 व्यक्तियों के लिए)

सामग्री:

- *दूध : 2 लीटर*
- *चीनी : 3 बड़े चम्मच*
- *चिरौंजी : 2 चम्मच*
- *केवड़ा ऐसेंस : आधा चम्मच*
- *चीनी चाशनी के लिए : 2 कप*
- *पनीर : 200 ग्राम*
- *तेल : तलने के लिए*
- *मूंग की दाल : आधा कप*

विधि:

1. मूंग-दाल को रात को अथवा 7-8 घंटे पहले भिगो दें।
2. सुबह को मूंग-दाल बहुत बारीक पीस लें।
3. दाल को खूब फेंटें, ताकि फूलकर हलकी हो जाए।
4. दूसरी तरफ दूध को गैस पर गाढ़ा होने को रख दें। ध्यान रहे कि दूध तली में न लगे।
5. लगभग आधा दूध रह जाने पर उसमें चीनी, केवड़ा व चिरौंजी मिला दें।
6. ठंडा होने पर इसे फ्रिज में रख दें, ताकि खूब ठंडा हो जाए।
7. अब चीनी की एक तार की चाशनी तैयार कर लें।
8. अब फेंटी हुई मूंग दाल में अच्छी तरह मसला हुआ पनीर मिला दें।
9. पनीर मिलाने के बाद भी दाल को फेंटें।
10. कड़ाही में तेल गरम होने के लिए रखें। कड़ाही लगभग तीन चौथाई भरी होनी चाहिए।
11. तेल गरम होने पर पनीर और मूंग दाल का मिश्रण पकौड़े का आकार देते हुए छोड़ें।
12. ध्यान रखें कि तेल ज़्यादा है, अत: बीच में पकौड़ा छोड़ने पर छींटें आ सकते हैं। अत: सभी पकौड़े किनारे की ओर से फिसला दें।

13. सुनहरे सिक जाने पर गरम ही इन्हें उतारकर चाशनी में डाल दें
14. कुछ देर में ही रसमलाई में रस भर जाएगा, तब इन्हें निकालकर तैयार गाढ़े दूध में डाल दें।
15. ठंडी रसमलाई में ऊपर से थोड़ी-सी बची चाशनी भी डाल दें।
16. प्रस्तुत करते समय ऊपर से इलायची, पिस्ता डाला जा सकता है।

खोया पनीर के इंस्टैन्ट लड्डू

(4 व्यक्तियों के लिए)

सामग्री:

- *पनीर : 100 ग्राम*
- *खोया : 200 ग्राम*
- *पिसी चीनी या बूरा : 150 ग्राम*
- *बादाम बारीक कटे हुए : 8-10*
- *काजू कटे हुए : 10-12*
- *इलायची बारीक पिसी हुई : 4-5*
- *कार्नफ्लोर : 3 चम्मच*
- *चांदी के वर्क : 4-5*

विधि:

1. पनीर, खोया व कार्नफ्लोर मिला लीजिए।
2. इसमें बूरा डालकर हाथ से अच्छी तरह रगड़ें।
3. इलायची व कटे काजू, बादाम मिला लीजिए।
4. आप चाहें तो नारियल बुरादा भी मिला सकती हैं।
5. इस मिश्रण के लड्डू बनाकर ऊपर से चांदी का वर्क लगा दीजिए।
6. स्वादिष्ट लड्डू तैयार हैं।

पनीर से बने दिल

(4 व्यक्तियों के लिए)

सामग्रीः

• *पनीर मसला हुआ*	: *150 ग्राम*	**चाशनी**	
• *मैदा*	: *2 बड़े चम्मच*	• *चीनी*	: *2 कप*
• *बेकिंग पाउडर*	: *छोटा डेढ़ चम्मच*	• *पानी*	: *1 कप*
		• *पिसी इलायची*	: *1 छोटा चम्मच*
• *घी*	: *तलने के लिए*		
• *क्रीम या मलाई*	: *2 बड़े चम्मच*	• *केवड़ा एसेंस*	: *4-6 बूंदें*

विधिः

1. पहले गहरे बर्तन में चीनी में पानी डालकर चाशनी बनने के लिए गैस पर रखें।
2. अच्छी तरह उबाल आने पर आंच धीमी करें।
3. एक तार की चाशनी बन जाने पर उतार लें।
4. चाशनी में पिसी इलायची व केवड़ा एसेंस मिला दें।
5. मैदा लेकर उसमें बेकिंग पाउडर मिला लें।
6. मसला हुआ पनीर लेकर थोड़ा-थोड़ा मैदा मिलाएं। पनीर मुलायम व एकसार हो जाना चाहिए।
7. मिश्रण की छोटी लोइयां बनाकर उन्हें हाथों से दबाकर दिल के आकार में बनाएं। चाकू की सहायता से भी काट सकती हैं।
8. इन दिल के आकार की टिकियों को तेल में सुनहरा तल लें।
9. तली हुई दिल जैसी टिकियां चाशनी में कुछ देर डालकर ऊपर से मलाई, कटे काजू आदि डालकर प्रस्तुत करें।

गुलाब जामुन

(4 व्यक्तियों के लिए)

सामग्री:

- *तेल : तलने के लिए*
- *खोया : 250 ग्राम*
- *पनीर (छेना) : चौथाई कप*
- *मैदा : 2 चम्मच*
- *पिसी चीनी : 2 चम्मच*
- *बेकिंग सोडा : आधा चम्मच*
- *काजू बारीक कटे हुए : 2 बड़े चम्मच*
- *बादाम कटे हुए : 2 चम्मच*
- *पिस्ते कटे हुए : 7-8*
- *मिश्री के छोटे टुकड़े : 2 चम्मच*
- *इलायची पिसी हुई : 1 चम्मच*
- *चीनी चाशनी के लिए : 2 कप*
- *केशर व मिसरी : थोड़ी-सी*

विधि:

1. खोया अच्छी तरह मसल लें। थोड़ी-थोड़ी करके मैदा मिलाएं।
2. दूध को फाड़कर मुलायम छेना तैयार करें। आधा किलो दूध से अच्छा मुलायम पनीर तैयार हो जाएगा। बैकिंग सोडा अच्छी तरह मिलाएं।
3. खोया मैदा के मिश्रण में पनीर व इलायची पाउडर मिलाएं।
4. हाथ में थोड़ा मिश्रण लेकर पिस्ता, काजू, केशर या मिसरी भर कर पुनः छोटा-सा गोला बनाएं। इस बीच दो कप चीनी की दो तार की चाशनी बना लें। कड़ाही में तेल लेकर गरम करें।
5. धीमी आंच पर तैयार गोले सुनहरे होने तक डीप फ्राई कर लें। तेज आंच में गोले भीतर तक नहीं सिकेंगे और स्वादिष्ठ भी नहीं बनेंगे।
6. सही आंच होने पर आपके मिश्रण के गोले तल जाने के बाद काफी बड़े आकार के हो जाएंगे।
7. कड़ाही में तले हुए गुलाबी गुलाब जामुन चाशनी में डाल दें। स्वादिष्ट गुलाब जामुन तैयार हैं।

विशेष : यदि आप गुलाब जामुन के स्थान पर काला जामुन बनाना चाहते हैं, तो पनीर, खोया, मैदा मिश्रण में 2 चम्मच सूजी भी मिलाएं। फिर उन्हें धीमी आंच पर काला होने तक तलें।

रसगुल्ला

(4 व्यक्तियों के लिए)

सामग्रीः

- ***पनीर घर में बना हुआ : 350 ग्राम***
- ***मैदा : 1 टेबल स्पून***
- ***चीनी : 1 कप***
- ***गुलाबजल : 1 चम्मच***

विधिः

1. एक लीटर मलाईयुक्त दूध को उबालें व उसमें नीबू का रस निचोड़ें।
2. पूरी तरह दूध पानी अलग हो जाने पर कपड़े से छानकर पनीर को घर पर तैयार करें।
3. कुछ देर पोटली को लटकाकर पानी निकल जाने दें। कुछ देर दबाने से पानी पूरी तरह निकल जाएगा।
4. पनीर को अच्छी तरह मसलें।
5. इसमें मैदा को मिला दें और छोटी-छोटी गोलियां बना लें।
6. चीनी को दो कप पानी में उबालें। उबाल आने पर गैस धीमी कर दें
7. पनीर के छोटे गोले इस चाशनी में धीमी आंच पर 15 मिनट तक पकने दें।
8. पक जाने पर रसगुल्ले फूल जाएंगे।
9. ऊपर से गुलाबजल डालकर रसगुल्ले फ्रिज में ठंड़े होने को रख दें।
10. ठंडे रसगुल्लों का आनन्द लें।

पनीर की खीर

(6 व्यक्तियों के लिए)

सामग्री:

- *मलाईयुक्त दूध : 1 लीटर*
- *चीनी : 150 ग्राम*
- *पनीर कद्दूकस किया हुआ : 100 ग्राम*
- *कार्नफ्लोर : 2 बड़े चम्मच*
- *काजू टुकड़ों में कटे हुए : 8-10*
- *बादाम बारीक कटे हुए : 8-10*
- *किशमिश : 10-12*
- *केवड़ा एसेंस : दो-चार बूंदें*

विधि:

1. फैले बर्तन में दूध उबालें।
2. उबाल आने पर आंच धीमी कर दें।
3. दूध आधा रहने तक उबलने दें।
4. कार्नफ्लोर को आधा कप पानी में घोलें।
5. आंच धीमी रखते हुए चम्मच से चलाते हुए दूध में कार्नफ्लोर का घोल मिला दें।
6. लगातार चलाती रहें, अन्यथा रोड़ी बन सकती है।
7. दूध काफी गाढ़ा हो जाएगा।
8. इसमें चीनी डालकर चम्मच से चला दें। धीमी गैस पर ही दूध रखा रहने दें।
9. कसा हुआ पनीर मिलाएं और कुछ मिनट उबलने दें।
10. ठंडा होने पर केवड़ा मिलाएं और फ्रिज में पनीर की खीर को रख दें।
11. ठंडी खीर को परोसने के लिए बाउल में डालें और ऊपर से कटे काजू, बादाम डाल दें।
12. किशमिश को पहले से पानी में भिगोकर रख दें।
13. परोसने के पूर्व बड़े बर्तन में ही नर्म किशमिश को मिला दें।

खोया पनीर
स्टिक्स
गुलाबजामुन
रसगुल्ले

पनीर टिक्का
शिमला मिर्च के भरवां कप
पनीर मक्खनी

रायते

पाइनएप्पल-अनार रायता

(आवश्यकतानुसार व्यक्तियों के लिए)

सामग्री:

- *दही : 350 ग्राम*
- *पनीर : 100 ग्राम*
- *पाइनएप्पल टुकड़े कटे हुए : आधा कप*
- *बूरा (पिसी चीनी) : दो बड़े चम्मच*
- *अनार के दाने : दो बड़े चम्मच*
- *दूध : आधा कप*
- *मलाई या क्रीम : दो बड़े चम्मच*
- *खाने का पीला रंग : चुटकी-भर*

विधि:

1. गाढ़ी जमी हुई दही को बारीक छलनी से छान लें। यदि दही में पानी हो तो पहले पानी छान दें।
2. दही में फेंटी हुई मलाई या क्रीम मिला दें।
3. इसमें आवश्यकतानुसार इतना दूध मिलाएं कि दही न बहुत गाढ़ा हो, न ही अधिक पतला।
4. दही में बूरा मिला दें और फ्रिज में ठंडा होने रख दें।
5. पनीर के छोटे चौकोर टुकड़े काट लें।
6. खाने वाला पीला रंग एक चम्मच पानी डालकर कटोरी में घोल लें। इसमें पनीर के टुकड़े डालकर फ्रिज में रख दें।
7. परोसने के पूर्व दही बाहर निकालकर उसमें पनीर व पाइनेपल के टुकड़े भली प्रकार मिला दें।
8. अनार के दाने ऊपर से सजाकर रायता परोसें।

स्वादिष्ट रायता सब्जियों के साथ

(आवश्यकतानुसार व्यक्तियों के लिए)

सामग्री:

- *दही : 350 ग्राम*
- *बड़े टमाटर बारीक कटे हुए : 2*
- *पनीर छोटे टुकड़ों में कटा हुआ : 100 ग्राम*
- *प्याज सामान्य आकार की बारीक कटी हुई : 1*
- *क्रीम या मलाई : 2 बड़े चम्मच*
- *हरा धनिया बारीक कटा हुआ : 2 बड़े चम्मच*
- *बूंदी : 2 बड़े चम्मच*
- *नमक : स्वादानुसार*
- *लाल मिर्च : चुटकी-भर*
- *गरम मसाला : चुटकी-भर*
- *भुना व पिसा जीरा : आधा चम्मच*

विधि:

1. दही का पानी निकालकर छलनी से छान लें।
2. इसमें फेंटी हुई क्रीम अथवा मलाई को मिला दें।
3. यदि आवश्यकता हो, तो दो-चार चम्मच पानी डाल दें अन्यथा दही गाढ़ा ही रहने दें।
4. इसमें नमक मिला दें।
5. अब इसे फ्रिज में ठंडा होने रख दें।
6. परोसते समय इसमें कटे टमाटर, प्याज व पनीर के टुकड़े भली प्रकार मिला दें।
7. कांच के बाउल में दही का रायता पलट लें, फिर ऊपर से लाल मिर्च व गरम मसाला बुरक दें।
8. भुना जीरा व बूंदी दही में डाल दें।
9. अंत में हरा धनिया सजाकर रायता प्रस्तुत करें।

पनीर की दही गुझिया

(6 व्यक्तियों के लिए)

सामग्री:

- *पनीर : 250 ग्राम*
- *ब्रेड स्लाइस : 4*
- *नमक : 1 छोटा चम्मच*
- *तेल तलने के लिए : आवश्यकतानुसार*
- *कार्नफ्लोर : 1 छोटा चम्मच*

भरावन

- *काजू बारीक टुकड़ों में कटे हुए : 8-10*
- *किशमिश : 20*
- *बादाम बारीक कटे हुए : 10-12*

- *दही : 400 ग्राम*
- *गाढ़ा दूध मलाई सहित : आधा कप*
- *नमक : 1 चम्मच*
- *लाल मिर्च : आधा चम्मच*
- *गरम मसाला : आधा चम्मच*
- *भुना जीरा : 1 बड़ा चम्मच*
- *बारीक कटा धनिया : आधी कटोरी*
- *इमली की मीठी सोंठ : 1 कप*

विधि:

1. सबसे पहले भरावन की सामग्री अर्थात् काजू, बादाम व किशमिश मिलाकर अलग रख लें।
2. दही को फेंटकर या छानकर उसमें गाढ़ा दूध इतना मिलाएं कि दही में गाढ़ापन ही रहे। यदि दही पहले ही पतला हो, तो दूध के स्थान पर मलाई मिलाएं।
3. चाहें तो दही में एक चम्मच चीनी भी मिला सकती हैं।
4. ब्रेड को पानी में भिगोकर तुरन्त अच्छी तरह निचोड़ लें।
5. ब्रेड में पनीर, कार्नफ्लोर व नमक मिलाकर गुंधे हुए आटे जैसा मिश्रण तैयार कर लें।
6. छोटी लोई बनाकर हथेली पर फैलाएं और उसमें मेवे का भरावन भरकर गुझिए की भांति बीच से मोड़ दें।
7. सारी गुझियां तैयार हो जाने पर कड़ाही में तेल तेज गरम करें।

8. हलकी भूरी होने तक गुझिया तलें और उतारकर पानी से भरे भगोने में डाल दें।

9. फेंटी हुई दही में नमक मिला लें।

10. पानी से गुझिया निकालकर हलके हाथ से निचोडें और दही में लपेटकर प्लेट में सजा दें।

11. ऊपर से लाल मिर्च, गरम मसाला व भुना जीरा बुरक दें।

12. यदि पसंद हो, तो ऊपर से इमली की मीठी चटनी डाल लें।

13. कटे हुए धनिये से सजाकर स्वादिष्ठ गुझियां परोसें।

पनीर रायता फलों के साथ

(8 व्यक्तियों के लिए)

सामग्रीः

- *दही : 500 ग्राम*
- *केला टुकड़ों में कटा हुआ : 1*
- *संतरा छीलकर टुकड़ों में कटा हुआ : आधा*
- *अंगूर : 10-12*
- *छोटा खीरा छोटे टुकड़ों में कटा हुआ : 1*
- *पाइनेपल छोटे टुकड़ों में कटा हुआ : 1*
- *पनीर : 100 ग्राम*
- *नमक : आधा चम्मच*
- *चीनी पिसी हुई : दो चम्मच*
- *मलाई : आधा कप*
- *छोटी इलायची बारीक पिसी हुई : 5-6*
- *काला नमक : आधा चम्मच*

विधिः

1. दही को बारीक कपड़े या छलनी से छान लें। यदि दही में पानी हो, तो निकाल दें।
2. दही में फेंटी हुई मलाई मिला दें।
3. इसमें चीनी, नमक व इलायची मिला दें।
4. सारे कटे फल एक बर्तन में मिला लें।
5. इन फलों को दही में मिलाकर अच्छी तरह चला लें।
6. यदि काले नमक का स्वाद पसंद हो, तो काला नमक भी मिला दें।
7. तैयार रायता कुछ देर फ्रीजर में रखकर खूब ठंडा कर लें और फिर रायता परोसें।

पनीर टी स्नैक्स

बेसन पनीर

(4 व्यक्तियों के लिए)

सामग्री:

- *पनीर : 250 ग्राम*
- *बेसन छना हुआ : आधा कप*
- *मक्का का आटा : आधा कप*
- *नमक : स्वादानुसार*
- *लाल मिर्च : आधा चम्मच*
- *खाने वाला रंग : चुटकी-भर*
- *हरा धनिया बारीक कटा हुआ : आवश्यकतानुसार*
- *तलने के लिए तेल : आवश्यकतानुसार*
- *सोडा : चुटकी-भर*

विधि:

1. मक्का का आटा व बेसन मिला लें।
2. इसमें नमक, मिर्च, सोडा मिलाकर थोड़ा-सा पानी मिला दें।
3. चुटकी-भर लाल रंग व कटा धनिया बेसन में मिलाएं।
4. कड़ाही में तेल तेज गरम करें।
5. पनीर को छोटे चौकोर टुकड़ों में काट लें।
6. फिर टुकड़ों को बेसन के गाढ़े घोल में लपेटकर तलें।
7. गर्मागरम स्नैक्स का टोमैटो कैचप या धनिये की चटनी के साथ आनन्द भरपूर लें।

नर्गिसी पनीर

(6 व्यक्तियों के लिए)

सामग्रीं:

- *पनीर : 300 ग्राम*
- *बड़े प्याज बारीक कटे हुए : दो*
- *टमाटर प्यूरी : आधा पैकेट*
- *मटर के दाने : 1 कप*
- *मखाने : 1 कप*
- *पिसा हुआ लहसुन व अदरक : 1 चम्मच*
- *नमक : 1 चम्मच*
- *लाल मिर्च : आधा चम्मच*
- *धनिया पाउडर : 1½ चम्मच*
- *तेल अथवा घी : 3 बड़े चम्मच*
- *मखाने साबुत : 4-6*
- *मैदा : 1 बड़ा चम्मच*
- *क्रीम : आधा कप*

विधि:

1. सबसे पहले तेल में मखाने तल लें और इन्हें दरदरा पीस लें।
2. कड़ाही में बचे तेल में प्याज को गुलाबी होने तक भूनें।
3. अदरक व लहसुन डालकर भूनें।
4. अब मैदा डालकर अच्छी तरह चलाएं, ताकि मैदा जमे नहीं और खूब भुन जाए।
5. इसमें क्रीम डालकर लगातार चलाती रहें।
6. मलाई से कुछ ही देर में घी अलग होने लगेगा, इसमें टमाटर प्यूरी डालकर भूनें।
7. प्यूरी से तेल अलग होने पर दरदरे मखाने मिला दें।
8. सब सामग्री अच्छी तरह भुन जाने पर एक कप पानी व मटर के दाने डालकर कुछ देर उबालें।
9. धीमी आंच पर मटर गलने दें।
10. मटर गल जाने पर आंच से उतार लें।
11. परोसते समय पनीर के चौकोर टुकड़े व दरदरे मखाने डालकर नर्गिसी पनीर प्रस्तुत करें।

काजू-पनीर कोफ़्ते

(6 व्यक्तियों के लिए)

सामग्री:

- *पनीर : 250 ग्राम*
- *ब्रेड स्लाइस : 2*
- *काजू : 1 कप*
- *टमाटर प्यूरी : आधा कप*
- *खशखश (भिगोकर पीसी हुई) : आधा चम्मच*
- *बड़े प्याज बारीक कटे या पिसे हुए : 2*
- *बड़ी इलायची पिसी हुई : 4*
- *नमक : 1 चम्मच*
- *मिर्च : आधा चम्मच*
- *हल्दी : आधा चम्मच*
- *पिसा धनिया : 1 चम्मच*
- *गरम मसाला : आधा चम्मच*
- *जीरा : एक चम्मच*
- *पिसी हींग : चुटकी-भर*
- *बारीक कटा हरा धनिया : आवश्यकतानुसार*
- *तलने के लिए तेल : आवश्यकतानुसार*

विधि:

1. 15 काजू बारीक टुकड़ों में काट लें, बाकी मिक्सी में पीस लें।
2. पनीर को मसलकर आधी कटोरी अलग रखें बाकी पनीर में ब्रेड स्लाइस भिगो व मसलकर मिलाएं अथवा दो चम्मच मैदा मिलाएं। इसमें थोड़ा-सा नमक मिला दें।
3. बाकी बचे मसले पनीर में काजू के टुकड़े भूनकर मिलाएं व थोड़ा-सा नमक, मिर्च डाल दें।
4. पनीर ब्रेड मिश्रण की छोटी लोइयां बनाकर, उसमें काजू के टुकड़ों वाला मिश्रण भरें और कोफ़्तों का आकार दें।
5. ये कोफ़्ते धीमी आंच पर तल लें।
6. अब तरी तैयार करने के लिए दो बड़े चम्मच घी डालकर हींग व जीरा भूनें।
7. जीरा गुलाबी होने पर प्याज गुलाबी करें।
8. इसमें काजू का चूरा व खशखश डाल कर धीमी आंच में भूनें।

9. भुन जाने पर टमाटर प्यूरी डालें व भूनें।

10. इसमें लाल मिर्च, पिसा धनिया, हल्दी, गरम मसाला व पिसी इलायची डालें।

11. अच्छी तरह चलाकर दो कप पानी डालें और अच्छी तरह उबालें।

12. परोसते समय तरी गरम करके कोफ़्ते डालें व धनिये से सजाएं।

13. चाहें तो एक बड़ा चम्मच घी या तेल गरम करके परोसते समय ऊपर से डाल दें। कोफ़्ते अधिक स्वादिष्ठ हो जाएंगे।

मांसाहारी पनीर व्यंजन

सामान्य रूप से मांसाहारी लोगों का मानना है कि यदि मांसाहारी व्यंजनों में पनीर डाल दिया जाए, तो चिकन, मीट या मछली की खुशबू खत्म हो जाती है, फिर भी बदलाव के लिए शाकाहार की भांति मांसाहार में भी नए नुस्खे आजमाए जाते हैं। कुछ मांसाहारी शौकीनों ने पनीर के साथ मांसाहार व्यंजन विधियां बताईं हैं, जो मैं यहां प्रस्तुत कर रही हूं--

पनीरी चिकन

(4 से 6 व्यक्तियों के लिए)

सामग्रीः

- *पनीर मसला हुआ : 250 ग्राम*
- *टमाटर प्यूरी : 1 पैकेट (200 ग्राम)*
- *चिकन : 750 ग्राम*
- *अंडे : 2*
- *मैदा : आधा कप*
- *बड़े प्याज बारीक कटे हुए : 2*
- *लहसुन की कलियां बारीक कटी या पिसी हुई : 1 चम्मच*
- *हरी प्याज : 2*
- *नमक : 1 चम्मच*
- *काली मिर्च : आधा चम्मच*
- *तलने के लिए तेल : आवश्यकतानुसार*
- *नीबू : 2*

विधिः

1. सबसे पहले चिकन के टुकड़ों पर नमक व काली मिर्च के साथ नीबू का रस अच्छी तरह लगाकर 4-5 घंटे के लिए फ्रिज में रख दें।
2. फिर चिकन के टुकड़े बाहर निकालकर सूखे मैदे में लपेटें और तेज गरम तेल में तलें, फिर अलग रख लें।
3. कड़ाही में 3 बड़े चम्मच तेल डालकर कटी प्याज को भूनें।
4. भुन जाने पर लहसुन डालकर भूनें।
5. टमाटर प्यूरी का पूरा पैकेट (200 ग्राम) डालकर तेल अलग होने तक भूनें।

6. अंडों को अच्छी तरह फेंटे और प्याज-टमाटर की तैयार तरी में चम्मच से चलाते हुए डालें।
7. कुछ देर अंडों को अच्छी तरह पकने दें।
8. अब मसला हुआ पनीर डाल दें और धीमी आंच पर उलट-पुलट करें।
9. परोसते समय बड़े बाउल में पहले चिकन रखकर ऊपर से तैयार गाढ़ी तरी डालें।
10. कच्ची प्याज के लंबे टुकड़े डालकर सजाएं व परोसें।

फिश करी पनीर के साथ

(6 व्यक्तियों के लिए)

सामग्री:

• *पनीर मसला हुआ*	: *150 ग्राम*	• *हल्दी*	: *आधा चम्मच*
• *फिश (मछली)*	: *500 ग्राम*	• *लाल मिर्च*	: *आधा चम्मच*
• *टमाटर प्यूरी*	: *1 कप*	• *धनिया पाउडर*	: *1 बड़ा चम्मच*
• *बड़े प्याज बारीक कटे हुए*	: *2*	• *गरम मसाला*	: *आधा चम्मच*
• *लहसुन पिसा हुआ*	: *5-7 कली*	• *अंडे फेंटे हुए*	: *2*
• *अदरक पेस्ट*	: *1 चम्मच*	• *हरा धनिया बारीक कटा हुआ*	: *आवश्यकतानुसार*
• *दही*	: *1 कप*	• *तलने के लिए तेल*	: *आवश्यकतानुसार*
• *नमक*	: *स्वादानुसार*		

विधि:

1. मछली को धीमी आंच पर उबालकर कांटे साफ कर दें।
2. इसको अच्छी तरह मथकर मसले हुए पनीर में मिलाएं।
3. इस मिश्रण में नमक व मिर्च मिलाएं और रोल का आकार देकर सारे रोल तैयार कर लें।
4. कड़ाही में तेल तेज गरम करें।
5. फेंटे अंडे में नमक मिलाएं और तैयार रोल्स को उसमें डुबोकर तल लें।
6. तैयार रोल्स एक तरफ रख दें।
7. अब करी तैयार करने के लिए दो बड़े चम्मच तेल में प्याज भूनें।
8. लहसुन व अदरक पेस्ट डालकर गुलाबी होने तक भूनें।
9. सारे मसाले डालकर भी भूनें।
10. फेंटा हुआ दही डालकर लगातार चलाएं।
11. अच्छी तरह भुन जाने पर टमाटर प्यूरी डालें।
12. जब करी में तेल अलग होने लगे, तो दो कप पानी डालकर अच्छी तरह उबालें।
13. परोसते समय रोल्स को डिश में रखें, ऊपर से गरम करी डाल दें।
14. हरे धनिये को ऊपर से डालकर सजाएं व प्रस्तुत करें।

चटपटा तीखा मीट व पनीर

(4 से 6 व्यक्तियों के लिए)

सामग्री:

- *पनीर आधा इंच चौड़े, 2 इंच लंबे टुकड़ों में कटा हुआ : 150 ग्राम*
- *मीट : 500 ग्राम*
- *शिमला मिर्च लंबे टुकड़ों में कटी हुई : 200 ग्राम*
- *बड़ी प्याज लंबे लच्छों में कटी हुई : 2*
- *लहसुन कटा हुआ : 1 बड़ा चम्मच*
- *क्रीम : आधा कप*
- *लाल मिर्च : 2 चम्मच या लाल सूखी मिर्च : 8-10*
- *हरी मिर्च : 7-8*
- *सिरका : चौथाई कप*
- *नमक : स्वादानुसार*
- *हल्दी : आधा चम्मच*
- *आधा चम्मच : काली मिर्च*
- *तेल : 3 टेबल स्पून*

विधि:

1. नमक डालकर मीट को थोड़ा सख्त रहने तक उबालें।
2. लाल व हरी मिर्च को सिरके के साथ मिक्सी में पीसकर रख लें।
3. अब तेल डालकर उसमें प्याज को हलका नरम होने तक भूनें।
4. इसमें कटी शिमला मिर्च डालकर थोड़ा-सा चलाएं, ताकि वह थोड़ी नरम हो जाए।
5. अब इसमें मीट के टुकड़े डालें, साथ ही काली मिर्च व मिर्च-सिरके का मिश्रण डालकर कुछ देर उबालें।
6. ठीक प्रकार से उबाल आने पर इसमें पनीर के टुकड़े डालकर चलाएं।
7. परोसते समय गरम मीट में ऊपर से मलाई डालें तथा एक-दो टुकड़े पनीर सजा दें।

नोट : स्वादानुसार मिर्चों की मात्रा कम या अधिक की जा सकती है।

●●●

महिलोपयोगी श्रेष्ठ पुस्तकें

सुघड़ गृहिणी

–शीला सलूजा

परिवार की खुशहाली, सुख-समृद्धि और सामाजिक प्रतिष्ठा का केंन्द्र गृहिणी है। वास्तव में गृहिणी ही वह धुरी है, जिससे परिवार के सभी सदस्य शक्ति और प्रेरणा प्राप्त करते हैं। वह बच्चों के व्यक्तित्व-विकास में पूरा योगदान देती है। युवा बेटियों और बेटों की दोस्त बनकर उन्हें जीवन के उतार-चढ़ाव से परिचित कराती है। सास-ससुर की सेवा-टहल से वातावरण को सुखद बनाती है। पति की प्रेयसी बनकर उसे सच्ची सलाह प्रदान करती है। स्वयं भी धैर्य और साहस की प्रतिमूर्ति बनकर विषम परिस्थितियों का सामना करती है।

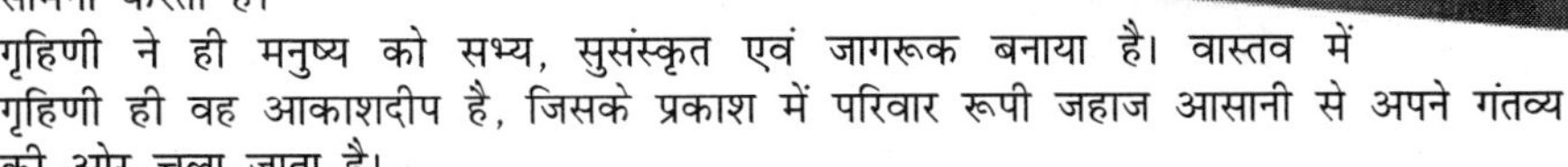

गृहिणी ने ही मनुष्य को सभ्य, सुसंस्कृत एवं जागरूक बनाया है। वास्तव में गृहिणी ही वह आकाशदीप है, जिसके प्रकाश में परिवार रूपी जहाज आसानी से अपने गंतव्य की ओर चला जाता है।

इस पुस्तक में गृहिणी का आधुनिक जीवन की सशक्त धुरी के रूप में प्रस्तुत किया गया है। देश में गृहिणियों की संख्या पचास प्रतिशत के लगभग है। इसलिए वर्तमान समाज व्यवस्था का संचालित करने में वे पूरी तरह सक्षम हैं। वर्तमान समय में गृहिणियों को असाधारण एवं विलक्षण बनाने के ठोस एवं कारगर उपाय सुझाने वाली एक अनूठी मार्गदर्शिका है यह पुस्तक।

बड़ा आकार ● पृष्ठः 154 ● मूल्य ₹: 96/- ● डाकखर्चः 15/-

नारी अपने रिश्तों का निर्वाह कैसे करें

–चित्रा गर्ग

आज की तेज़ रफ़्तार ज़िन्दगी में रिश्ते भी जटिल हो गये हैं। तरह-तरह के स्वार्थों, ईर्ष्या-द्वेष, आगे बढ़ने की होड़ हो या नीचा दिखाने की प्रवृत्तियाँ, इस भवँर जाल से उसे गुज़रना ही पड़ता है। इस सबसे उबर कर तमाम तरह के रिश्तों का बड़ी ख़ूबी से निर्वाह करने वाली नारी ही वास्तव में इस दौर में सफल कहलायेगी। रिश्तें मज़बूत रहें, उनमें निरन्तरता बनी रहे, वे सुख और समृद्धि को पोसने में सहायक हों, तो समझिए नारी ने अपने जीवन के शक्तिशाली दुर्ग को जीत लिया है। वास्तव में यह पुस्तक रिश्तों के निर्वाह को लेकर सफल गृहिणी कहलाने का मार्ग प्रशस्त करती है और यह बताती है कि पति-पत्नी, देवर-भाभी, ननद-भाभी, जेठ-जेठानी, सास-बहू, जीजा-साली, माँ-बेटी-बेटा, सहेली के अलावा ससुराल के अन्य रिश्तों में कैसे तालमेल और घनिष्ठता बरती जाये, कामकाजी महिलाएँ घर से बाहर पुरुष सहकर्मियों और अधिकारियों से कैस व्यवहार करें, प्रेमी या मंगेतर के साथ कैसे मर्यादा बनाये रखें। यह सारे बताये गये रास्ते सचमुच आपको सही दिशा देंगे।

डिमाई आकार ● पृष्ठः 192 ● मूल्य ₹: 96/- ● डाकखर्चः 15/-